CATHROW

GORBACH

Nijole White

GORBACHEV'S RUSSIA
A Russian Reader

Edited by
Diana Turner

London & Wellingborough

First published by

Collets (Publishers) Limited
Denington Estate
Wellingborough
Northants, NN8 2QT
United Kingdom

Selection, exercises and notes © Nijole White 1989

All rights reserved; no part of this publication may be reproduced, stored in a retrieval system, or transmitted in any form or by any means without the prior permission of the copyright owner.

ISBN: 0569 09133 0

Printed at the University of Strathclyde

PREFACE

This book is a collection of extracts from the Soviet press of the initial period of the Gorbachev regime, a time which has seen the start of many radical changes in the country. The extracts reflect the unprecedented degree of openness in discussing these new developments and the attitude of Soviet people towards them.

Although it is intended primarily as a reader for students of Russian, it can also be used as a source-book for background studies of the Soviet Union, since the extracts constitute a documentary record of the emergence of the phenomena of perestroika (restructuring) and glasnost (openness).

The material in the book is authentic, unadapted. The level of difficulty is intermediate to advanced although there are also some easier texts, e.g. readers' letters, and interviews.

The texts have been arranged thematically into chapters and sections. Each text is followed by a number of questions in Russian and, in some instances, a discussion/essay topic. Where a text is suitable for summarising, this is indicated. The resume may be done either in English or Russian depending on the level of competence of the student.

Most texts are accompanied by notes. Language notes explain current concepts and provide English translations of words or phrases which may not appear in dictionaries or where their meaning in the particular context diverges from that generally given in these. Brief historical, biographical or cultural notes are included where relevant information is not otherwise readily available to the language student.

N. White
University of Strathclyde
1989

CONTENTS

                                                                                         page

Introduction — THE BEGINNING

Text 1:   Весна, добрые люди!   1
Text 2:   Кто разрешил не разрешать   1

Chapter One — THE POLITICS OF PERESTROIKA

Section A: Glasnost and Democratisation

Text 1:   О пользе говорить правду   4
Text 2:   Не для печати?   6
Text 3:   Испытание гласностью   8
Text 4:   Большая маленькая политика   10
Text 5:   Как живут «неформалы» Ярославля   11
Text 6:   Народный фронт начинает и...   13
Text 7:   Куда уводит «Память»   16
Text 8:   Выборы без выбора?   19

Section B: Re-Evaluation of the Past

Text 1:   О Милосердии   22
Text 2:   Феномен Сталина   24
Text 3:   Какая улица ведёт к храму   26
Text 4:   С точки зрения современника   27
Text 5:   Мемориал совести   29

Chapter Two — NEW CONCERN FOR THE ENVIRONMENT

Text 1:   Зелёный цвет надежды   32
Text 2:   Вода без рыбы, рыба без воды   34
Text 3:   Отношение к атомной энергетике   36
Text 4:   Нужна ли Волге эта плотина?   38
Text 5:   Остановлен завод   40
Text 6:   Главный пост экологии   41

Chapter Three — REFORMING THE ECONOMY

Text 1:   Экономика и демократия   44
Text 2:   Вопрос экономисту   44
Text 3:   Чего я боюсь   46

Text 4:	Страсти вокруг цен	48
Text 5:	О безработице	49
Text 6:	Выбирай работу	50
Text 7:	Кооперативы Подмосковья	51
Text 8:	Нельзя и можно	53
Text 9:	Советские акционеры	54
Text 10:	Гласно о тайнах коммерции	56
Text 11:	Французский костюм с русским акцентом	58

Chapter Four — CHANGING SOCIETY

Section A: Men and Women

Text 1:	Мужчины и женщины	60
Text 2:	Какие мы, женщины?	61
Text 3:	Разговор 9 марта	63
Text 4:	Женщина выбирает	65
Text 5:	Брак вдогонку	67

Section B: Young People

Text 1:	Нескорый суд	69
Text 2:	Острова и лабиринты	70
Text 3:	Полуночники	72
Text 4:	Учёный идёт к «неформалам»	73
Text 5:	«Номенклатурные» дети	76
Text 6:	«Легко ли быть молодым?»	77
Text 7:	Таланты и чиновники	79

Section C: Social Maladies

Text 1:	СПИД	82
Text 2:	Учиться друг у друга	84
Text 3:	Спрос рождает... «бизнесмена»?	87
Text 4:	Этот беспокойный Арбат...	89
Text 5:	Странники	90
Text 6:	Страсти по Бахусу	93

Chapter Five — EDUCATION

Text 1:	Парадоксы растратной педагогики	95
Text 2:	Всеобщее! Обязательное! Среднее?	97
Text 3:	Школьные годы - чудесные?	99
Text 4:	О ходе перестройки средней и высшей школы	102
Text 5:	К знанию!	103

Chapter Six — CULTURAL RENEWAL

Text 1:	Фонд культуры — Как мы жили без него?	107
Text 2:	Наследие, которое мы обретаем...	109
Text 3:	Политический театр	111
Text 4:	Театры-студии	114
Text 5:	Жизнь и смерть Варлама Аравидзе	116
Text 6:	Приметы нового	121
Text 7:	Магнитофонная гласность	123
Text 8:	Цыплята белые, цыплята чёрные	125
Text 9:	Споры на вернисаже	126

Conclusion — WHITHER PERESTROIKA?

Text 1:	Перестройка как социальная революция	129

Introduction

THE BEGINNING

Text 1: ВЕСНА, ДОБРЫЕ ЛЮДИ!

Давно ли мы, бегло просматривая утренние газеты, тут же их разочарованно откладывали, убедившись, что и на этот раз читать нечего.

И вот сегодня нас захлёстывает поток разносторонней информации, и интересного так много, что не хватает времени прочитать.

На чтение газет и журналов уходит утро. Они становятся зеркалом, в котором отражаются подлинные черты жизни страны. Не прячет оно и груды накопившегося мусора и хлама. Запущенных дел и проблем непочатый край, так что дивишься: как можно было так долго оставаться слепым и глухим?

Рубикон перейден, и пути назад нет — возвращение к застойным, душным годам означало бы гибель державы!

Суровой была нынче зима, до апреля держались морозы и не поддавались сугробы... А всё-таки наступили сроки и пахнуло весной, появились первые скворцы... Весна, весна на дворе, добрые люди! А значит — и солнце, и радость, и правда...

«Литературная газета» 20.5.87.   Олег ВОЛКОВ

Задание: ответьте на вопросы

1. Как раньше читали утренние газеты?
2. Что здесь изменилось?
3. Чем становятся газеты и журналы?
4. С чем сравниваются застойные годы?
5. Чему автор радуется?

Notes: застойные годы, застой — the 'period of stagnation' (the Brezhnev years); L.I.Brezhnev (1906-1982) was First (General) Secretary of the Communist Party from 1964 until his death.

Text 2: КТО РАЗРЕШИЛ НЕ РАЗРЕШАТЬ

Что было характерно для времени, предшествовавшего перестройке? Тогда многое было НЕЛЬЗЯ. Даже странно, что многого из того, к чему мы сейчас привыкли, в недавнем прошлом просто не было. Сложнее стало жить, когда царят оживление, многоголосие? Да, сложнее. Но и интереснее.

Запреты... Были времена, когда очень многое было нельзя. Нельзя было сельскому жителю по своему усмотрению ехать жить в город. Нельзя было свободно переходить из одного предприятия на другое. Нельзя было носить узкие брюки. Нельзя было носить широкие брюки. Нельзя было носить длинные юбки. Нельзя было носить короткие юбки. Нельзя было слушать пластинки, смотреть фильмы или читать рассказы, которые мы сегодня без всякого урона для себя слушаем, смотрим, читаем.

Философия запретов (я имею в виду не разумные и необходимые запреты в области технологии, техники, безопасности, обеспечения порядка, а запреты излишние, не оправданные ни интересами дела, ни здравым смыслом) — философия запретов и ограничений, страсть запретительства слишком ещё кое для кого убедительна, вот почему её нужно развенчивать.

Почему иным охотнее запрещать, чем разрешать? Потому что говорящий «ДА» взваливает на себя ответственность. К тому же разрешивший должен не только отвечать, но и РАБОТАТЬ, обеспечивать успех дела, думать, заботиться, волноваться. А что происходит с говорящим «НЕТ»? Сказал и сразу снял с себя ответственность, снял проблему. «НЕТ» есть право ничего не делать. Там, где сказано «НЕТ», ничего не происходит. А разрешил — создал ситуацию, где что-то может произойти. Хорошее дело или осечка, драма, злоупотребление или радость, словом — жизнь.

«Нельзятчики» стращают: «Представляете, что будет, если...». А что в самом деле будет?

Мы помним время, когда в парках, в новых микрорайонах делали разметки, где людям можно ходить, а где запрещено. Холмы, лужайки пестрели грозными табличками: «Не ходить по траве! За нарушение — штраф» и т. п. Но люди почему-то не ходили по тем маршрутам, которые для них проложили проектировщики. Люди ходили, протаптывали свои тропинки и дорожки. Их вскапывали, вновь засаживали травой, огораживали. Людей ловили, стыдили, штрафовали. Но люди почему-то любили те тропинки, которые они сами проложили, — одни потому, что были кратчайшие, другие потому, что были почему-то им симпатичны. И нашлись проектировщики, которые вдруг взяли и выложили плиточками эти самодеятельные дорожки, то есть взяли и... узаконили нарушение, отчего сразу стало на тысячи нарушений и нарушителей меньше. И всем стало вдруг лучше, удобнее, вольготнее, легче.

«Известия» 27. 12. 86.   А. ВАСИНСКИЙ

Задание: ответьте на вопросы:

1. *Что было характерно для времени, предшествовавшего перестройке?*
2. *Почему теперь стало сложнее жить?*
3. *Какие примеры запретов приводит автор?*
4. *С какими запретами автор согласен?*
5. *Что лучше говорить — «ДА» или «НЕТ», и почему?*
6. *Зачем автор рассказывает случай о парках?*

Notes: многоголосие, многоголосье — polyphony, reference to the possibility of expressing many different opinions; урон — harm; осечка — a blunder.

Chapter One

THE POLITICS OF PERESTROIKA

Section A: GLASNOST AND DEMOCRATISATION

Text 1: О ПОЛЬЗЕ ГОВОРИТЬ ПРАВДУ

Событие недавнее, у всех свежее в памяти: на границе «входа в тень» космического корабля, пилотируемого советско-афганским экипажем, произошёл сбой в системе ориентации. Автоматика не включила двигатель, и аппарат продолжал накручивать витки, а два его пассажира стали, по сути, заложниками технического прогресса. Создалась ситуация с неопределённым исходом. Всё это, впрочем, уже хорошо известно, как и то, что у этой истории оказался счастливый конец. Но когда мы услышали о космическом происшествии, никакой определённости ещё не было. Собственно, ради этого момента я и вспомнил о полёте, а более всего - о том, как информировали нас о нём. Сообщение о неполадках шло по советским каналам связи не в записи, а в прямом эфире. И не только для остального мира. В данном случае мы тоже узнавали всё не последними. Волнуясь за космонавтов, мы переживали и за себя. Нам словно бы доверили, наконец, нечто такое, что долго не доверяли.

Подобную реакцию на события с неясным исходом можно, пожалуй, расценить как явление, так как она в корне противоречит «исторической традиции», возникшей у нас очень давно и ставшей со временем неписаным законом.

Официальная версия и реальная картина сплошь и рядом не совпадали. В высших эшелонах власти, по сути, ни перед кем не отвечали за свои слова. Вернее, их слова, вне зависимости от того, соответствовали они истине или нет, должны были расцениваться как истина в последней инстанции. Это был, по сути, приказ так думать.

Правда, мы говорим, рано или поздно восторжествует. Но дело-то в том, что она должна торжествовать без опозданий. А как было? Правда постоянно опаздывала.

Опоздавшая правда грозила множеством бед. По ложному следу направлялась мысль теоретиков и практиков. Выносились ошибочные решения, принимались планы, не скорректированные с трезвостью суждений, с реальным положением дел. Извращались представления о наших возможностях.

Мы не заметили, как сложившаяся практика вступила в противоречие с жизнью, с научно-техническим прогрессом. Это наглядно видно на примере, о котором все мы узнали совсем недавно. Оказывается, вплоть до этого года географические карты Советского Союза до неузнаваемости искажались. Географические карты обманывали исходя из высших соображений. Дабы сбить с толку потенциального неприятеля. Но путаница-то продолжалась до последнего времени, при том, что давным-давно вошла в практику космическая фотосъёмка.

Последствия оказались непредсказуемыми. Мы столкнулись сегодня с таким феноменом: многие, слыша правду, наотрез отказываются ей верить. Разучились. То и дело приходится слышать: дескать, зачем всё это? Сколько можно? Во всём нужна мера...

Гласность уже многое прояснила, уточнила, высветила — назвала своими именами и вещи, и людей. Она не очерняла никого преднамеренно, как это нередко бывало прежде, а если на кого-то и бросила тень, то лишь тем, что сказала правду. А правда — тот свет, который ничто и никого не исказит. И не наша вина, что порой, когда воссоздаётся истинная картина, это выглядит как бы непатриотично, производит впечатление очернительства. Но исцеление не терпит недоговорок. Лишь в 1986 году впервые сказано о наличии в стране инфляции, тщательно скрываемой прежде. Лишь в 1987 году — о том, что ассигнования на оборону, выделяемые в составе расходов Государственного бюджета СССР, — лишь часть оборонных расходов. Обман прошлых десятилетий — возвысил ли он нас?

Учимся говорить правду не только о прошлом, но и настоящем. О прошлом — не ради одного прошлого. Реабилитируем не только погибших, но и живых. И себя самих. Реабилитируем наше общество, наши идеалы. Главный же нравственный вывод, который делаем при этом — правда никогда не должна опаздывать на десятилетия. Правда должна приходить к нам, как те вести из космоса, которые отличались не только своевременностью, но и исчерпывающей полнотой.

«Известия» 12.10.88.   Альберт ПЛУТНИК

Задание: ответьте на вопросы:

1. *Как информировали людей о полёте космического корабля, который вспоминает автор?*
2. *Как люди реагировали на это?*
3. *Почему автор расценивает эту реакцию как явление?*
4. *Что автор говорит о словах высших эшелонов власти?*
5. *Чем грозило то, что правду говорили с большим опозданием?*
6. *Что долгое время происходило с географическими картами СССР?*
7. *О каких фактах сообщили лишь в 1986 и 1987 годах?*
8. *Автор утверждает, что говорить правду — это значит реабилитировать себя самих. Как это понять?*

Notes: the spacecraft mentioned, "Soyuz TM-5", got into difficulties before landing on 7 September 1988; «вход в тень» космического корабля — landing stage of a spacecraft; аппарат продолжал накручивать витки — the apparatus continued to orbit; шло в прямом эфире — was broadcast live; истина в последней инстанции — the ultimate truth; скорректированные планы — plans based on a realistic assessment of existing conditions and possibilities; недоговорки — not telling the whole truth.

Text 2: НЕ ДЛЯ ПЕЧАТИ?

Мы начинаем жить в условиях гласности. Люди хотят всё знать, получать исчерпывающую информацию о событиях, происходящих вокруг. Профессиональный долг журналистов — «добывать» эти новости. Однако в различных учреждениях и ведомствах под разными предлогами «тянут резину», когда журналистам нужно получить те или иные сведения. Чинят запреты. Есть указания начальника: «Без моего разрешения никаких утечек информации!» Происходит такое из боязни, что могут передать «не то», показать «не в том свете».

Журналиста порой стараются не пустить за «занавес» событий, не дают нужные документы. Так ведут себя не только руководители. Не хотят выносить пресловутый «сор из избы» и некоторые трудовые коллективы.

Вот пример из жизни сотрудников газеты «Вечерний Ростов». О ненормальной обстановке на ростовском мясокомбинате газета писала и в прошлом году, и в нынешнем. Воровство, очковтирательство, грубые нарушения дисциплины. На выступления газеты ответил директор комбината Б. Борисов: объявили взыскания некоторым руководителям, разработали комплексный план на все случаи жизни, куда вошли и мероприятия по борьбе с хищениями. Провели беседы. Словом, отреагировали.

В редакцию же продолжали поступать тревожные сигналы. Решили поинтересоваться, как же осуществляется тот самый комплексный план.

В отделе производственно-ветеринарного контроля намечалось провести собрание коллектива о состоянии трудовой дисциплины. Работник газеты вместе с представителем профкома направился туда: интересным мог быть разговор, острым. Как же встретили его?

— Кто его приглашал?

— Без корреспондента разберёмся!

— Есть предложение перенести собрание.

Больших трудов стоило успокоить недовольных. Собрание состоялось. Но один из работников отдела пообещал:

— На писанину напишем опровержение. Коллективное!

Распространённая это болезнь: в корреспонденте многие видят основное зло, а не в себе, не у себя.

«Правда» 22.5.87. М. КРЮКОВ

Задание: ответьте на вопросы:

1. *Что происходит в некоторых учреждениях, когда журналист хочет получить те или иные сведения?*
2. *Кто мешает журналисту в его работе?*
3. *Какие меры были приняты на ростовском мясокомбинате после выступления газеты «Вечерний Ростов»?*
4. *Что произошло, когда работник газеты пошёл проверять, как эти меры осуществляются?*

Notes: «тянуть резину» — to employ delaying tactics; чинить запреты — to put obstacles in the way; передать «не то» — to put across something unfavourable; показать «не в том свете» — to show in an unfavourable light; выносить «сор из избы» — to wash one's dirty linen in public; писанина — hack's writings.

Text 3: ИСПЫТАНИЕ ГЛАСНОСТЬЮ

Мы привыкли смотреть на демократию и вообще на политическую деятельность как бы снизу вверх. Демократия являла себя там, в залах заседаний, на высоких трибунах, отражалась цифрами охвата широких масс трудящихся общественной работой и участием в постоянно действующих производственных совещаниях, звучала в программе «Время».

Централизованная демократия создавала убеждённость, что прерогатива принятия решений лежит на представителях народа. Народ всемерно одобрял решения и не догадывался, что параллельно с первой, «большой» демократией развёртывается демократия вторая, «малая», будничная. События общественной жизни обсуждались в так называемом неформальном кругу общения: с друзьями и сослуживцами, в купе вагона, в курилке и даже на заседаниях — нет, не с трибуны, а в кулуарах. Никто никогда не видел таблички с надписью «Кулуары», но «малая» демократия находила себе пристанище именно здесь. Именно здесь обменивались надёжной информацией, советовались, просили помочь, ругались... и делали дело. Стали привычными вещи поразительные: только что человек компетентно, точно, исчерпывающе говорил о сложившейся тяжёлой ситуации, и вот уже он чеканит с трибуны гремящие пустотой парадные фразы.

Общественное мнение тоже имело два «слоя»: надёжность такого источника информации, как слухи, оценивается у нас довольно высоко, по крайней мере они составляют серьёзную конкуренцию официальным источникам информации.

Была ли во втором слое гласность? Конечно, была. Не было главного — принятия решений. А гласность без выработки решений, без бремени ответственности, превращается в говорильню.

Может быть, это звучит тривиально, но мы учимся понимать, что свободное высказывание мнений не исчерпывает существа демократии. Демократия — форма власти, форма осуществления интересов народа, — и всё дело в том, каковы эти интересы, в конце концов — каков сам народ.

Большинство всегда право?

В толпе нет сомнений, выбора и ответственности. Все — значит никто. Распространение уравниловки — самого страшного врага прогресса — в известной мере было выгодно широким слоям. Уравниловка гарантировала своеобразную уверенность, рассчитанную на «русский авось» и реальную экономическую безнаказанность за безделье. Ответственность, распределённая на всех, растворённая в массе, снимает вину с каждого.

Настоящий руководитель — это человек высоких политических, нравственных и деловых качеств, который умеет организовать дело и заинтересовать людей в конечном результате. Если коллектив хочет хорошо жить, не работая, легко представить, какого руководителя он изберёт.

Социологам хорошо известно, что неформальный лидер — человек, который всем симпатичен, — почти никогда не может справиться с обязанностями руководителя. Хотим мы этого или не хотим, «шеф» должен уметь заставить работать, он сидит в руководящем кресле не для того, чтобы нравиться подчинённым, а для того, чтобы отдавать приказы. Сейчас выборы руководителей бригад, цехов и даже предприятий получают всё большее распространение. И, как правило, неформальный лидер, став руководителем, терпит фиаско. Демократия — дело сложное!

Развёртывание демократии влечёт за собой широкое разнообразие мнений, обособление и даже столкновение интересов. Профессионализм и безделье, интеллект и невежество, честь и хамство... Они не могут не быть врагами. Гласность, призванная служить добру, далеко не всегда преграждает дорогу злу.

Именно демократизация общественной жизни обнаружила, что глас народа — не всеобщий унисон. Скорее это многоголосье.

Демократия не спускается сверху как директива, а формируется — медленно, трудно, нередко мучительно — вместе с традициями политической жизни.

«Известия» 21.7.87. Геннадий БАТЫГИН

Задание: ответьте на вопросы:

1. *О каких двух демократиях говорит автор?*
2. *Как менялся человек, как только он поднимался на трибуну?*
3. *Каким было общественное мнение?*
4. *Как автор понимает существо демократии?*
5. *К чему вело отсутствие личной ответственности?*
6. *Каким, по мнению автора, должен быть руководитель?*
7. *Что характерно для демократизации, которая сейчас происходит?*

Notes: «кулуары» — place where unofficial, backstage, off-the-record discussions take place; чеканить — to repeat without thinking; уравниловка — absence of pay differentials; «русский авось» — reference to traditional Russian reliance on being able to muddle through; многоголосье, многоголосие — polyphony, reference to the possibility of expressing many different opinions.

Text 4: БОЛЬШАЯ МАЛЕНЬКАЯ ПОЛИТИКА

В нашей почте много писем о преследованиях, которым подвергаются те, кто «сделал шаг в сторону перестройки». Месть за критику, расправы, выговоры... Значительная часть нашей общественности с тревогой обсуждает наши возможности «самим, без мудрой отцовской длани» добиться демократизации, достичь процветания. «Бороться с жуликами в торговле и их покровителями без ещё более высокой помощи равноценно самоубийству», — утверждает А. М. Мамедов из Баку. Такие цитаты можно множить. Но есть и другие.

«Когда я мысленно хочу понять, какие произошли перемены в нашей жизни, я просто иду в библиотеку, беру подшивку газет за 1980-й или даже 1984-й год и сравниваю с любым, без исключения, номером сегодняшней газеты.»

«Призывы начинать перестройку с себя я понимаю так. Главное, чтобы ты сам, каждый из нас не поддерживал своим молчаливым одобрением ни одного скверного дела. Если я буду знать, что вокруг меня не глухая стена, а нормальные живые люди, тогда насколько же легче станет. Надо учиться жить с незапрятанным интересом.»

Ясно, что об успехах или неудачах в создании нового механизма хозяйствования мы вправе судить уже в ближайшее время. И всё же самая большая политика всегда зависела и будет зависеть от успехов и неудач политики малой — на уровне цеха, института или жилищно-эксплуатационной конторы. Понимаю, что самыми лучшими чувствами вызвано суждение киевлянина С. Н. Высоцкого: «Перестройка будет возможной только тогда, когда она будет доведена буквально до каждого человека умным, честным и принципиальным руководителем».

И всё же мне становится не по себе при мысли о том, какое невообразимое количество умного, честного, принципиального начальства понадобится для «доведения», если политиками не станет каждый из нас.

«Известия» 11. 7. 87.   Владимир НАДЕИН

Задание а): ответьте на вопросы:

1. *Каких писем много в почте газеты «Известия»?*

2. *Что означает молчание людей, когда кто-то говорит о недостатках?*

3. *От чего будет зависеть успех перестройки?*

Задание б): обсудите тему: «Кто должен заниматься политикой — только политики или каждый из нас?»

Notes: без мудрой отцовской длани — without wise paternal guidance, reference to the regulation of a country's affairs in the manner of a father dealing with his children (one of the names given to Stalin was 'Father of the People'); жулик — crook.

Text 5: КАК ЖИВУТ «НЕФОРМАЛЫ» ЯРОСЛАВЛЯ

По пятницам мастерская художника Ильи Брандукова открыта для всех: благодаря этому в Ярославле она известна как «чайная». Тут собирается человек до сорока — в основном студенты, но есть школьники, рабочие. Программа вечеров: стихи, песни, обмен мнениями. Короче, трёп. Однако именно из этого трёпа выклюнулась идея спонтанного действия, нашедшая своё выражение в регулярных городских карнавалах, настенной живописи и в состоявшихся 1 апреля бутафорских «похоронах» ярославского воздуха, отравленного промышленными выбросами.

— Говорить о любви к своему городу сейчас — признак хорошего тона, — рассуждает Илья. — А кто будет любить — конкретно? Неясно.

— А ты пробовал?

— Пробовал. Взял лопату, вышел на площадь, стал клумбу копать. Копаю день — смотрят, как на идиота. На другой день копаю опять. Стёклышки выбираю, окурки, камни: вот, мол, товарищи, стиль. Вот качество! Ну, и получилось точно по Марку Твену — нашлись помощники.

— А результат-то был?

— Цветы посадили...

Человек берёт лопату и начинает копать... Эта «живая» метафора лучше долгих объяснений выражает смысл явления, которое привнесли в жизнь общества любительские объединения по интересам, в простоязычье именуемые просто клубами. В Москве и Ленинграде их десятки, следом идут Новосибирск, Ярославль. Сам термин «клуб» может быть принят только условно, ибо явление шире, чем мыслимые модификации клубной работы (лектории, кружки, кино). «Чайная» Брандукова, собственно, не клуб, а собрание единомышленников. «Реставратор» — тоже не клуб, а составная часть развернувшегося в стране движения за охрану памятников.

Глобальная идея, объединяющая все клубы, — идея общественного неравнодушия. И когда москвичи из объединения «Эрмитаж», мечтающие о создании в столице музея современного искусства, начинают собирать сведения о художниках-авангардистах и их творения, а ярославцы из клуба «Простор» приводят в порядок дворовый памятник Пушкину, разница лишь в размахе, в возможностях. Суть одна — нетерпение. Жажда перемен... личная ответственность за происходящее, готовность взяться за дело.

Взаимоотношения властей с «самодеятельностью» не всегда складываются нормально. Это всё «говорильня», «болтовня». Разговоры о «болтовне», на мой взгляд, свидетельствуют о том, как сильно ещё желание считать «общественным мнением» лишь опубликованные в газетах письма трудящихся. Подозреваю, что очень многих устроило бы, если бы неформальные клубы занимались исключительно вопросами коллективного, так сказать, чаепития:

этот самоварный рай, с одной стороны, свидетельствовал бы об инициативе, а с другой — был бы надёжной гарантией того, что инициативы никакой не будет... Но в том-то и дело, что «общественное мнение» означает сегодня и общественное действие, благо, поле для активности огромное: досуг, художественное творчество, охрана памятников. Я пока ещё не слышал о неформальных объединениях экологов, но, думаю, они должны появиться.

«Литературная газета» 5.8.87.   В. ГОЛОВАНОВ

Задание: ответьте на вопросы:

1. *Какие идеи возникли в «чайной» Брандукова?*
2. *Как Брандуков говорит о любви к своему городу?*
3. *Какие клубы уже существуют?*
4. *Каково отношение властей к этим организациям?*

Notes: «неформалы» — members of various grass-roots organisations and movements; трёп — chatter, idle talk; бутафорские «похороны» — symbolic staging of a funeral scene.

Text 6: НАРОДНЫЙ ФРОНТ НАЧИНАЕТ И...

Два дня в крупнейшем зале Таллина — городском холле им. Ленина, проходил учредительный съезд нового общественного движения — Народного фронта Эстонии в поддержку перестройки.

...В Эстонии много изменений. Это видно даже невооружённым глазом. Многое из того, о чём жители республики совсем недавно говорили в узком домашнем или дружеском кругу, сегодня обсуждается в печати, на телевидении, многочисленных митингах. Проявилась огромная общественная энергия, она пульсирует с невиданной силой, порой переливаясь через края. Люди горячо и страстно обсуждают историю эстонского народа, «белые пятна», особенно те из них, что связаны с трудными, порой трагическими страницами: вхождение республики в 1940 году в состав СССР, депортацию тысяч жителей маленькой Эстонии в годы культа личности. В центре внимания вопросы развития языка, национальной культуры, взаимоотношений с русскоязычным населением, экология.

С тревогой говорили ораторы на съезде о том уроне, который нанёс Эстонии застой. В республике не сформировался целостный экономический комплекс и нет политики управления им, не всегда принимались экономически обоснованные решения по вопросам размещения и развития производительных сил. Хозяйственная деятельность зачастую была подчинена узким интересам союзных ведомств. Один из ораторов сравнил эти ведомства с транснациональными корпорациями, хозяйничающими в странах «третьего мира». Несмотря на то, что возможности экстенсивного развития производства оказались исчерпанными, продолжалось строительство новых предприятий, расширение старых. Нехватка рабочей силы способствовала её привлечению из других республик, стала отставать социальная инфраструктура, обострились межнациональные отношения.

Настоящей болью прозвучали выступления, связанные с охраной окружающей среды. В Нарве электростанции выбрасывают в воздух сотни тысяч тонн вредных веществ, в Кохтла-Ярве и Маарду химическая промышленность загрязняет воздух и воду. Из-за отсутствия биологических, плохой работы механических и химических очистных сооружений степень загрязнённости Пярнусского залива в сотни, а в отдельные месяцы в тысячи (!) раз превышает допустимые пределы. Предметом особой тревоги является разработка залежей фосфоритов.

Я много размышлял над аргументами, которые те или иные ораторы приводили в поддержку своих выступлений, и понял, что не все из них бесспорны.

Много говорят о мигрантах – людях, переехавших в республику в последние годы. Упрекают их в незнании языка, неуважении к традициям эстонского народа, непонимании их культуры, высокой рождаемости (!). Что и говорить, большая часть этих упрёков небезосновательна. Один из моих новых знакомых – Альберт Маловерьян работает заместителем редактора газеты «Молодая Эстония». Армянин по национальности, он давно проживает в Эстонии, свободно владеет эстонским и с удовольствием пользуется этим. Он может часами рассказывать о культуре эстонцев, их истории, болеет и переживает за будущее народа. К сожалению, таких, как Альберт, не так много. Думается, что русскоязычному населению следует задуматься, изменить отношение ко многим вещам. В конце концов на этой земле им жить, воспитывать детей. Но ясно и другое, что эти проблемы путём указа или «митинговой демократии» не решишь. Нужно терпение, понимание, взаимная открытость и доброжелательность. Мне не раз подчёркивали, что НФ открыт для представителей всех наций, Так-то оно так, но на сегодняшний день 90 процентов его членов, по данным НФ, это эстонцы, 6 процентов - русские, 4 - представители остальных национальностей. Для республики, население которой составляют 900 тысяч эстонцев и 600 тысяч русскоязычных, этот показатель о чём-то говорит. Не был избран ни один представитель русскоязычного населения в состав правления НФ из семи человек.

Не секрет и другое. Все эти годы даже желающему выучить эстонский язык было непросто: нет курсов, нет учебников, в русских школах уроки эстонского преподавались формально. Сегодня положение меняется, но нужно время, чтобы эта проблема перестала быть таковой. Нельзя забывать и о том, что люди, приехавшие в Эстонию в последние годы, не сидели здесь сложа руки. Они честно трудились, вносили свой (и немалый!) вклад в развитие республики. Сегодня они готовы участвовать в перестройке рядом с коренными жителями. Было бы смешно представлять их в целом «тормозом перестройки».

Во время очередной пресс-конференции один из делегатов съезда, отвечая на вопрос о социальной, нравственной атмосфере республики, рассказал об исследованиях, которые показали, что за период активизации НФ в республике на треть уменьшились самоубийства среди эстонцев. Что и говорить, это верное свидетельство оптимизма, надежд, которые люди связывают с перестройкой. Но могу сказать и другое. Определённое чувство тревоги, неуверенности в завтрашнем дне присутствует у немалого числа русскоязычного населения. Об этом откровенно говорили делегаты.

Своеобразной реакцией на движение Народного фронта стала организация интернационального движения. Его участники считают, что предложения НФ могут ущемить права, кровные интересы русскоязычного населения. НФ подвергает критике интердвижение, подчёркивает, что оно не представляет интересы всего русскоязычного населения, а лишь небольшую его часть. Упрекают интердвижение и за попытку раскола республики по национальному признаку, говорят об экстремистах в его рядах. Надо признать, что полемика между оппонентами ведётся некорректно, желания к компромиссам не чувствуется.

Но люди, настроенные экстремистски, есть и в рядах НФ. Некоторые из них недвусмысленно призывают попробовать на излом органы власти, противопоставляют как две непримиримые силы КП Эстонии и Народный фронт, требуют изменений в Конституции, неприемлемых для всех жителей республики. Отвечая этим людям, Э. Сависаар, один из лидеров НФ, заметил: «Мы не будем стучать кулаком, потому что в ответ на это всегда найдётся кулак посильнее».

Будем откровенны: национальные отношения в Эстонии обострились. Понятно, что в суверенной республике ни одно серьёзное социальное, экономическое или экологическое мероприятие нельзя проводить, ущемляя национальное достоинство, забывая об этнических последствиях для эстонцев. С другой стороны, нельзя забывать о сложившихся реальностях сегодняшней многонациональной республики.

«Комсомольская правда» 13. 10. 88.　　Р. ГУСЕЙНОВ

Задание а): ответьте на вопросы:

1. *Какие вопросы обсуждают в Эстонии?*
2. *Почему выступления, связанные с вопросами экологии, звучали «настоящей болью»?*
3. *В чём Народный Фронт упрекает русскоязычное население?*
4. *Как изменились настроения в Эстонии: среди эстонцев? среди русскоязычных?*
5. *Что говорит Народный фронт об интердвижении?*
6. *Чего требуют экстремисты Народного фронта?*
7. *Что говорит о применении силы Э. Сависаар?*

Задание б): напишите резюме текста.

Notes: учредительный съезд — founding conference; переливаясь через края — overstepping the bounds; «белые пятна» — gaps, blank pages in the historical record; застой — the 'period of stagnation' (the Brezhnev years); союзные ведомства — central, as opposed to local republican, departments and ministries; «тормоз перестройки» — braking mechanism on perestroika, reference to people who hinder its progress; попробовать на излом — to test the strength.

Text 7: КУДА УВОДИТ «ПАМЯТЬ»

Сегодня у нас в стране сильно вырос интерес к истории. Как и всякий интерес, проявляется он по-разному.

В Москве и некоторых других городах всё громче заявляет о себе неформальное объединение «Память». Историко-патриотическое объединение, как подчёркивают его активисты. В ряде городов оно провело серию тематических вечеров, а в начале мая, в центре Москвы, на площади у Манежа, состоялась демонстрация его активистов. Были подняты лозунги, требующие официального признания «Памяти», прекращения работ на Поклонной горе (по сути уже прекращённых). Были и такие лозунги: «Память народа священна!», «Долой саботажников перестройки!»

В рядах демонстрантов выделялся человек, – это был Д. Васильев, один из руководителей «Памяти». К нему и обращались любопытствующие москвичи и гости столицы, включая иностранных, с вопросами – что, мол, за демонстрация? Он отвечал, что на площадь вышел «народ» – «мужественная часть людей», у которых больше нет сил терпеть бюрократов и других врагов, которые «разрушают нашу историю, нашу культуру».

На вечерах не ставилось практически ни одного вопроса, который задолго до этого не ставился бы учёными, писателями, общественностью. Единственное, что отличает постановку этих вопросов «Памятью», так это присвоение себе роли главного их выразителя, крикливость и попытки найти ответы на них непременно в прошлом. И немедленно найти «виновных» и призвать к ответу по своему усмотрению.

В основе всех бед лежит лишь одно: действие тайных вражеских сил. Каких?

И со сцены звучат целыми кусками... «Протоколы сионских мудрецов». Что же такое эти «протоколы»? История появления этого «документа» уходит корнями к интригам международных авантюристов и литературных имитаторов прошлого века, к ухищрениям агентов охранки, к атмосфере религиозного мистицизма, которым был плотно окутан царский двор той поры.

«Протоколы» были приняты как своего рода идеология в партии «Союз русского народа», в среде полуграмотных лавочников, мещан, где они сыграли роль запала, вызвавшего взрыв мракобесия.

В двадцатые-тридцатые годы «протоколы» получили своё хождение в Германии.

Словом, долгим, извилистым и грязным был путь «протоколов», прежде чем они зазвучали с трибуны

«Памяти», стали для её приверженцев одним из ключей «подлинного» понимания прошлого, настоящего и будущего страны, где мы с вами живём.

Беседуя с людьми, которые приходят слушать «откровения» Васильева и других руководителей «Памяти», чувствуешь: их действительно беспокоят многие реальные проблемы. Но вместе с тем они с удивительно бездумным доверием относятся к странному миру громких слов, к миру, где чуть ли не всё вокруг заполнено неким подтекстом, связанным с действием всё тех же «тёмных сил». Рука тайных сил редактирует даже речи Генерального секретаря, сокращая всё доброе, что сказано о русском народе.

В общем, как говорится в обращении «Памяти» к народу, Родина в опасности. Надо «выявлять конспиративные квартиры» врага, «сплотить боевые порядки».

...явление, выйдя за пределы разумного, превращается в свою противоположность. Высокое обращается низким. Патриотизм — крикливой фанатичностью. Бдительность — суетливой, истеричной подозрительностью.

Что и говорить, развитие гласности, расширение демократии приносят разные плоды. В том числе и такой, как крикливое, «площадное» самовыражение и претензию «Памяти» на создание некоей новой политической организации, претендующей на установление контроля над всем и вся, но не берущей на себя практически никакой ответственности.

«Известия» 3. 6. 87.   Г. АЛИМОВ, Р. ЛЫНЕВ

Задание: ответьте на вопросы:

1. Где действует неформальное объединение «Память»?

2. Что оно организует?

3. Против кого оно выступает?

4. Какие вопросы ставятся на вечерах «Памяти»?

5. На чём основана идеология «Памяти»?

Notes: работы на Поклонной горе — reference to the grandiose design for a memorial to commemorate the Soviet Union's victory over Germany in the Second World War, which met with public opposition and was subsequently withdrawn; «Протоколы сионских мудрецов» — The Protocols of the Elders of Zion, a pamphlet fabricated by the tsarist secret police, — the Okhrana — purporting to reveal a Jewish conspiracy to seize supreme power in the world; всё и вся — all and everything.

Text 8: ВЫБОРЫ БЕЗ ВЫБОРА?

(i) Если говорить о том, что изменилось в нашем обществе со времени минувших выборов, то, видимо, изменилось всё. Куда труднее найти то, что абсолютно не изменилось. Ведь действительно от прошлого, старого мало что осталось, и это прекрасно. Прекрасно, когда во время предвыборной кампании бурлят, кипят такие страсти вокруг кандидатов — я сужу по моему Ленинграду, где митинги, собрания, выступления происходят прямо на улицах. Людям интересно, понимаете? Интересно участвовать во всём этом, даже если они судят только, так сказать, по портрету или только по биографии кандидата, даже если у них нет истинного, полного представления о его личности и программе, но они судят, они выбирают...

Только бы не затормозить этот процесс! Ведь тогда каждый избранный всегда будет помнить, что он не навсегда, что он постоянно станет проходить через это «горнило» — выборы, что его всегда можно будет взять за руку, спросить с него. Он будет помнить, что надо завоёвывать симпатии людей, что надо быть популярным, быть любимым, а этому тоже надо учиться, надо прикладывать усилия, трудиться для людей. Я вспоминаю нашего ленинградского «лидера» былых времён: он не считал нужным даже просто улыбаться людям, выступая по телевидению с неизменно железным лицом и стальными глазами. Ему было наплевать, как к нему относятся, он был непоколебим — ещё бы — «посажен» сверху, а значит всерьёз и надолго...

«Известия» 25.3.89.   Алексей ГЕРМАН

(ii) Ночью по междугородному позвонил товарищ. «Поздравь. Ты первый, кому говорю. Меня избрали...»

Новость ошеломляющая. Похоже, начинаются времена диктатуры демократии. Насколько мне известно, кое-кто не очень хотел его избрания. Но голосующий народ сказал своё, самостоятельное слово.

В этом смысле воскресенье 26 марта для меня, например, лично — не столько ДЕНЬ ПЕРВОГО ВЫБОРА, когда каждый из нас самостоятельно решал, кого делегировать в высший орган власти, да и делегировать ли вообще, но одновременно и ДЕНЬ ВОСКРЕСЕНИЯ утраченных народом прав.

Посмотрите хотя бы на первые итоги! Тот, кто по вчерашним меркам и представлениям автоматически должен был получить мандат от народа на управление, кое-где даже близко не подошёл к черте, за которой начинается уважение большинства сограждан. И наоборот. Некоторые из тех, кого имеющие в руках микрофон и газетный лист публично называли ненужными народу, в день выбора получили массовую поддержку.

Примеров этому можно привести много. Но я сошлюсь всего на один. По Волгоградскому национально-территориальному округу № 4 баллотировались известный писатель Юрий Бондарев и малоизвестный вчера молодёжный лидер Александр Киселёв. Как сообщил наш корреспондент В. Корнеев, предпочтение избиратели отдали Александру Киселёву.

Ко дню выборов в стране почти треть округов по разным, но зачастую схожим причинам вдруг оказалась с единственным кандидатом. Организаторы выборов, видимо, по привычке решили, что оставить кандидатов на депутатский мандат без борьбы будет надёжнее. Но сегодняшнее общество уже не вчерашнее общество. Во многих местах такой шаг люди расценили, как вызов утверждающейся демократии. Как это так, раздавались в «Известиях» звонки, что за нас кто-то решил снова оставить нас без выбора? Мы с таким не согласны и не допустим возрождения прошлого.

И в ряде округов не допустили! Там снова придётся проводить выборы. Теперь повторные. Так что на будущее уже есть первый вывод: право на доверие общества отныне надо доказывать.

К этому призывает и другой вывод. Доказывать надо в умелой открытой борьбе, предлагая новые и решительные пути выхода из трудной ситуации, в которой оказалась страна. Одной лишь должности, пусть и весьма высокой, также как и выспренних деклараций, теперь недостаточно.

«Известия» 27. 3. 89   Вячеслав ЩЕПОТКИН

Задание: ответьте на вопросы:

1. *Как проходила предвыборная кампания в Ленинграде?*
2. *Какими станут лидеры, когда поймут, что они не навсегда?*

3. *Каким днём было для Вячеслава Щепоткина 26-е марта?*
4. *О чём говорят первые итоги выборов?*
5. *Что происходило в округах с единственным кандидатом?*
6. *Какие автор делает из этого выводы?*

Notes: выборы — reference to the elections to the Congress of People's Deputies on 26 March 1989, when for the first time in Soviet history voters had a choice of candidates; проходить через «горнило» — to go through the mill; спросить с него — to hold him to account; междугородный — long-distance telephone; не подошёл к черте — a reference to the stipulation that to get elected a candidate must obtain 50% of the votes cast; Юрий Бондарев (b. 1924) — author of war novels, acclaimed during the Brezhnev years; Kiselev took 67,8% of the vote.

Section B: RE-EVALUATION OF THE PAST
Text 1:   О МИЛОСЕРДИИ

И в самом деле, что же это с нами происходит? Как мы дошли до этого, как из нормальной отзывчивости перешли в равнодушие, бездушие и это тоже стало нормальным?

Не берусь назвать все причины, отчего ослабло чувство взаимопомощи, но думаю, что во многом это началось с разного рода социальной несправедливости, когда ложь, показуха, корысть действовали безнаказанно. Происходило это на глазах народа и губительнейшим образом действовало на духовное здоровье людей. Появилось и укоренилось безразличие к своей работе, потеря всяких запретов. Начинало процветать вот то самое, что мы называем теперь мягко – бездуховность, равнодушие.

У моего знакомого заболела мать. Её должны были оперировать. Он слыхал о том, что надо бы врачу «дать». Человек он стеснительный, но беспокойство о матери пересилило стеснительность, и он под видом того, что нужны будут какие-то лекарства, препараты, предложил врачу 25 рублей. На это врач развёл руками и сказал: «Я таких денег не беру». «А какие надо?» – «В десять раз больше». Мой знакомый – рядовой инженер, человек небогатый, но речь шла о здоровье матери, и он раздобыл деньги.

После операции мать умерла. Врач пояснил моему знакомому: «Я проверил, мать ваша умерла не в результате операции, у неё не выдержало сердце, поэтому деньги я оставлю себе».

Упоминаю об этом случае не потому, что он особый, а потому, что его не считают **особым**.

Наши обильные разговоры о нравственности часто носят слишком общий характер. А нравственность состоит из конкретных вещей – из определённых чувств, свойств, понятий.

Одно из таких чувств – чувство милосердия. Термин для большинства старомодный, непопулярный сегодня. «Сестра милосердия», «брат милосердия» – даже словарь даёт их как «устар.», то есть устаревшие понятия.

Слова стареют не случайно. Милосердие. Что оно – не модно? Не нужно?

Древнее это необходимое чувство свойственно всему животному сообществу: милость к поверженным и пострадавшим. Уверен, что человек рождается со способностью откликаться на чужую боль. Но если это чувство не употребляется, не упражняется, оно слабеет и атрофируется.

Милосердие убывало не случайно. Во времена раскулачивания, в тяжкие годы массовых репрессий людям не позволяли оказывать помощь близким, соседям, семьям пострадавших. Не давали приютить детей арестованных, сосланных. Даже сочувствие невинно арестованным запрещалось. Чувства, подобные милосердию, расценивались как подозрительные, а то и преступные: оно-де аполитичное, не классовое, в эпоху борьбы мешает, разоруживает... Оно стало неположенным в искусстве. Милосердие действительно могло мешать беззаконию, жестокости, оно мешало сажать, оговаривать, нарушать законность, избивать, уничтожать. В тридцатые годы, сороковые понятие это исчезло из нашего лексикона. Исчезло оно и из обихода.

...Я убеждён, что двери надо распечатывать. История неделима. Из неё нельзя выковыривать лишь лакомое, светлое. Печали истории нашей, и довоенной, и послевоенной, всё ещё ждут признания. Историческая справедливость много значит для духовного здоровья.

«Литературная газета» 18. 3. 87.   Даниил ГРАНИН

Задание: ответьте на вопросы:

1. *Почему, по мнению Даниила Гранина, люди перестали быть отзывчивыми?*
2. *Какой пример безразличия, бездушия он описывает?*
3. *Как расценивались чувства, подобные милосердию в годы массовых репрессий?*
4. *Как автор предлагает восстановить духовное здоровье?*

Notes: показуха — show, pretence that things are better than they are; раскулачивание — dispossession and banishment of the kulaks (prosperous peasants) during the collectivisation of Soviet agriculture between 1929 and 1934; годы массовых репрессий — between 1936 and 1938; Даниил Гранин (b.1919) — well known Soviet writer.

Text 2: ФЕНОМЕН СТАЛИНА

Нет у нас до сих пор серьёзного биографического очерка о Сталине. Но потребность в такой работе несомненна. Уже продолжительное время материалами к биографии Сталина занят доктор философских наук профессор Д. А. Волкогонов. В будущем году он намерен закончить книгу «Триумф и трагедия» [Политический портрет И. В. Сталина]. Предлагаем вниманию читателей «ЛГ» сокращённый вариант авторского предисловия к книге.

Нас всех не может не радовать, что сейчас идёт активный процесс не только обновления настоящего, но и «реставрации», восстановления прошлого. И, пожалуй, интеллектуальным и эмоциональным эпицентром внимания общественного интереса к прошлому стала фигура Сталина.

В нашей истории (русской и советской), думаю, не было более противоречивого лица. И хвалы, и хулы на его долю выпало столько, что её хватило бы на целый легион исторических деятелей. Если сопоставить, допустим, Приветствие ЦК ВКП(б) и Совета Министров СССР в связи с 70-летием Сталина в декабре 1949 года с положениями драматического доклада Н. С. Хрущёва, сделанного в ночь с 24 на 25 февраля 1956 года на XX съезде КПСС, то оценки лидера партии будут фактически полярными. Всего несколько лет лежит между этими оценками, вынесенными, по сути, одними и теми же людьми.

При произнесении имени Сталина в сознании многих людей прежде всего всплывает трагический 1937 год, репрессии, попрание человечности. Да, всё это было. Виновным за эти преступления нет прощения. Но мы помним, что в эти же годы были созданы основы всего того, на чём мы стоим сегодня. Поэтому ошибочно, осуждая Сталина за преступления, подвергать сомнению реальные достижения социализма.

Человека, великого и невеликого, рано или поздно ждёт небытие. Сталин это понимал. Не без участия Сталина и помощи его соратников в нашей истории не только много «белых пятен», но и много мест, где страницы в летописи искажены, а то и просто вырваны.

Сталину, например, было известно тёплое отношение Ленина к Бухарину. Сталин сам на протяжении многих лет поддерживал с ним и его семьёй личные дружеские отношения. Бухарин сыграл немаловажную роль, оказывая помощь Сталину в борьбе с Троцким и троцкизмом. Не мог не видеть Сталин, что совершенно смехотворными выглядели обвинения Бухарина, допустим, в шпионаже, заговорах и т. д. Бухарин, при его высокой интеллектуальной культуре, умел уважать аргументы. И когда он убедился, что его программа неторопливого социалистического развития может привести к краху, поскольку история не отвела нашей стране времени на «раскачку», он честно признал свои заблуждения. Не просто признал, а активно включился в реализацию партийных установок. Это не помешало, однако, Сталину фактически санкционировать расправу с популярнейшим деятелем партии, фактически – близким партийным товарищем... Как можно такое объяснить и понять?

...Сталин быстро привык к насилию как обязательному атрибуту неограниченной власти. Скорее всего, карательная машина, пущенная Сталиным на полный ход, захватила воображение не только функционеров нижнего звена, но и его самого. Возможно, эволюция сползания к идее насилия как универсального средства прошла ряд этапов. Вначале – борьба против реальных врагов, а они были; затем – ликвидация личных противников; дальше уже действовала страшная инерция насилия; наконец насилие стало рассматриваться как показатель преданности и ортодоксальности.

Сталин, много сделавший для утверждения социализма в нашей стране, не выдержал испытания властью.

«Литературная газета» 9. 12. 87.

Задание а): ответьте на вопросы:

1. *Как оценивали Сталина как историческую фигуру?*
2. *Почему Д. А. Волкогонову трудно объяснить и понять расправу Сталина над Н. И. Бухариным?*
3. *Какую эволюцию прошла идея насилия?*

Задание б): напишите резюме текста.

Notes: ВКП(б) — Всесоюзная Коммунистическая партия (большевиков) — All-Union Communist Party (Bolsheviks), the name of the Communist Party between 1925 and 1952; Н. С. Хрущёв (1894-1971) — First Party Secretary from 1953, started the process of liberalisation with his famous Secret Speech at the Twentieth Party Congress in 1956 in which he denounced Stalin's 'personality cult'; deposed by L. I. Brezhnev in 1964; «белые пятна» — gaps, blank pages in the historical record;

попрание человечности — flouting of human values; Н.И.Бухарин (1888-1938) — leading Bolshevik theoretician, victim of Stalin's purges, fully rehabilitated in 1988; Л.Д.Троцкий (1879-1940) — leading Bolshevik, advocate of world revolution and opponent of Stalin.

Text 3: КАКАЯ УЛИЦА ВЕДЁТ К ХРАМУ

В истории действуют разные люди. Одни лучше понимают её требования, другие хуже, одни побеждают, другие терпят поражение. Но можно ли в ней, в истории, что-либо понять, можно ли вообще всерьёз говорить об истории, не изучая её, не вникая в то, чего хотели и к чему звали её деятели, в том числе и «отрицательные»?

Это относится и к такой фигуре, как Троцкий.

Среди «вычеркнутых» он, как известно, самый «вычеркнутый». Это соответствовало политической обстановке конца 20-х годов: тогда Троцкий был самым сильным и влиятельным среди противников правительственного курса. Но сейчас-то чем он опасен? Почему даже дореволюционные его работы нельзя прочитать без специального разрешения? Никакой целесообразности в этой усиленной охране нет, а нецелесообразности очень много. Нецелесообразен страх перед собственной историей. Нецелесообразны любые запретные плоды. Нецелесообразна неполнота информации.

Совсем недавно в «Новом мире» напечатана пьеса Михаила Шатрова «Брестский мир». В ней впервые Троцкий выступает как персонаж с правом голоса. Мы узнаём его позицию в деталях, слышим, как он её защищает. Нам показывают не «разгром троцкизма», а диалог с ним, живой и полный драматизма. Показывают историю.

А что может быть важнее этого? Современный читатель хорошо знает, кто кого и когда «разгромил». Но он стремится к большему. Ему важно самому разобраться, кто был прав и почему. Он хочет ясно представлять себе ход идейной и политической борьбы, а не только исход её. Он хочет слышать голоса всех авторов и актёров исторической драмы.

Восстановить историю духовной культуры страны как остродраматический диалог разных традиций и направлений, как историю исканий и ошибок, борьбы и творчества, а не одних лишь «разгромов» — это значит перестроить сознание, это и значит мыслить по-новому.

«Новый мир», № 11, 1987 г.   Игорь КЛЯМКИН

Задание: ответьте на вопросы:

1. *Как автор называет деятелей истории, о которых не говорят?*
2. *Что он думает о «запретных плодах»?*
3. *Что, по мнению автора, нужно современному читателю?*

Notes: Какая улица ведёт к храму — a reference to there being only one correct view rather than a variety of possibilities; Л. Д. Троцкий (1879-1940) — leading Bolshevik, advocate of world revolution and opponent of Stalin; М. Ф. Шатров (b. 1932) — Soviet playwright, looks at neglected aspects of Soviet history with all sides of the debate included; Брестский мир — 1918 peace treaty signed by Soviet Russia and Germany and its allies.

Text 4: С ТОЧКИ ЗРЕНИЯ СОВРЕМЕННИКА

Я один из современников того поколения, что выведено в романе А. Рыбакова «Дети Арбата». Эту книгу нет нужды пересказывать. Всем известно, что она — про тридцатые годы, точнее — про год 1934-й, когда был убит Киров.

В тридцать четвёртом я был студентом, готовился стать историком, но более всего меня занимала история современности. Нынешним летом, читая роман, я вновь переживал события, которые тогда предстояло обдумать и которые всё ещё не обдуманы до конца.

Многие страницы романа, особенно те, которые отданы Софье Александровне Панкратовой, я читал с комком в горле, со слезами на глазах. Мне бесконечно жаль, что этих страниц не успела прочесть моя мама.

А ведь могла бы. В 1966-м, когда рукопись начала первый круг хождений по редакциям, моя мать ещё была в состоянии читать своими глазами. В 1971-м, пять лет спустя, я ежедневно читал ей вслух. Будь у меня эта рукопись, я мог бы прочесть о том, что происходило в тридцатые годы, и о том, как это происходило.

Наветы, «сигналы», комиссии, проработка, то есть подготовительное «всеобщее негодование». Затем исключение, снятие, арест. И жёны (как моя мама Милица Романовна), и матери (как Софья Александровна) начинают стояние в очередях у справочных окон тюрем, на приём к прокурору и в других, столь же безысходных очередях.

Что сказала бы мама о романе?.. – Хорошо, что про всё это написано. **Пусть знают.**

Что содержится в словах «пусть знают»? Вечная надежда, не покидающая разумных людей, – вера в справедливость, в неизбежность суда истории.

В октябре 1937 года Мартын Иванович Лацис (член партии с 1905 года, по отзыву Ленина «один из лучших, испытанных коммунистов») закопал в землю завёрнутые в непромокаемую промасленную бумагу рукописи и книги. В том числе седьмой том сочинений Г. Зиновьева. Сборник статей Л. Каменева. Последний сборник статей Н. Бухарина.

Мне он – мой приёмный отец – сказал, чтоб я запомнил место. А я смущённо вымолвил:

– Но это же враги народа!

– Ничего, для истории пригодится, – спокойно ответил он.

Я до того начитался газет, что готов был отказать истории в праве судить не понаслышке, не по кривотолкам, а из первых рук...

Есть в романе Рыбакова одно место, которое я не прочёл бы матери вслух. Софья Александровна обратилась к своему брату, занимавшему довольно высокое положение, просила заступиться за сына – его забрало ГПУ. Понимая, что хлопоты ни к чему не приведут, Марк Александрович не вмешался.

И тут Софья Александровна сказала: «Ты не защитил невинного. Тебя тоже некому будет защищать».

Тогда, в середине тридцатых годов, моя мама говорила:

«Ведь вы – старые большевики, подпольщики. Почему же вы молчите? Так вас всех заберут поодиночке».

Совпадение близкое. И можно предположить, что другие такие же семьи находят в романе свои горестные совпадения.

На страницах романа – или над страницами – господствует ощущение нарастающей гибельной лавины. Не знаю, так ли воспринимают книгу новые поколения. Боюсь, что некоторые читатели могут сказать: в общих чертах мы про те времена слыхали. Зачем нам погружаться в тяжкие переживания, перебирать давно прошедшие беды?

Между тем это разбирательство одинаково необходимо и для уходящих, и для следующих поколений. Пока диагноз болезни в точности не установлен, нет гарантии, что достигнутое исцеление окончательно.

«Известия» 17.8.87.   Александр ЛАЦИС

Задание: ответьте на вопросы:

1. *Как Александр Лацис читал роман А. Рыбакова «Дети Арбата»?*
2. *Что происходило в тридцатые годы?*
3. *В каких очередях стояли тогда жёны и матери?*
4. *Зачем Мартын Иванович Лацис закопал в землю книги?*
5. *Какого места в романе автор не читал бы своей матери?*
6. *Зачем, по мнению Александра Лациса, нужны такие книги, как «Дети Арбата»?*

Notes: С.М. Киров (1886-1934) — prominent Bolshevik, possibly Stalin's rival for the post of General Secretary of the Party after the 17th Party Congress (1934), assassinated, it is believed, on Stalin's orders; his death unleashed a wave of repression against 'old Bolsheviks' among whom were also G.E. Zinoviev (1883-1936) and L.B. Kamenev (1883-1936); «сигналы» — as in поступил сигнал — it has come to our notice, an anonymous denunciation; ГПУ – Государственное политическое управление — State Political Directorate, dealt with matters of state security, forerunner of the KGB.

Text 5:   МЕМОРИАЛ СОВЕСТИ

Идея создания мемориала, посвящённого жертвам культа личности, возникла не сейчас, а после отважной, исторически переломной речи Хрущёва на Двадцатом съезде партии. Эта идея звучала во многих речах на конференциях, собраниях, и просто так – в частных квартирах, в трамвайных вагонах, в очередях... Однако потом эта идея была похерена. Среди тех, кто этой идеи испугался, был и человек, её выдвинувший — сам Хрущёв. Почему? Да потому, что одна нога Хрущёва, как он её ни пытался выдрать, прочно завязла в сталинском времени. Ему не хватило смелости признать на Двадцатом съезде, что во многих ошибках и преступлениях был виновен и он сам. Конечно, если бы он это признал, он бы мог быть снят. Но зато, очистив свою совесть, он мог бы стать совсем другим лидером совсем других перемен. А, не сказав исповедь, он продолжал оставаться человеком половинчатым.

Хрущёв был снят правильно, но неправильными людьми. Брежнев не был сталинистом, однако он совершил несколько инерционных сталинских ошибок. Всё остальное — самонаградительство, утрата чувства реальности — лежит на плечах его окружения. Но одна из низших безнравственностей Брежнева и его окружения — это то, что идея создания мемориала была прочно забыта за устройством чурбановых и щёлоковых на постах, якобы охраняющих Родину.

Идея создания мемориала вновь воскресла вместе с идеями перестройки. Эта идея шла «снизу», и её первые энтузиасты были разрозненными, и вначале выглядели донкихотами. Но они постепенно начали объединяться. Объединение вокруг идеи создания мемориала происходило, как слияние маленьких ручейков и речушек в величественную реку, становящуюся символом нации.

Идея эта возникала повсеместно, но повсеместно возникало и сопротивление. Как же оно могло не возникнуть, если даже на партконференции некоторыми людьми произносились речи, толкающие назад от гласности, в безгласное прошлое.

Дело не в любви к Сталину. Ещё года два-три тому назад это могло быть любовью, происходящей от незнания, от исторической наивности. Сейчас в нашей печати опубликовано столько материалов, разоблачающих тогдашнюю тотальную войну против народа, что даже если девять десятых — это преувеличение, то хватит одной десятой, чтобы не быть наивными. Но ведь некоторым людям выгодно оставаться слепыми: они любят не Сталина, а свою слепоту. Наивность чистосердечная более или менее оправдываема, но высокооплачиваемая наивность — это исторический цинизм.

Но идея мемориала поддерживается сейчас уже большинством народа, большинством партии. Это не идея реванша. Это не идея капитуляции социализма.

Это идея очищения социализма. Нечистая совесть перед прошлым загрязняет настоящее, может загрязнить будущее. Мы хотим быть чистыми перед строгим взглядом наших детей. Памятники Сталину и его окружению были мемориалом бессовестности. Мемориал жертвам культа личности - это мемориал совести.

«Огонёк», № 29, 1988 г.   Евгений ЕВТУШЕНКО

Задание: ответьте на вопросы:

1. *Когда впервые возникла идея создания мемориала жертвам сталинизма?*
2. *Что с ней произошло во времена Брежнева?*
3. *На чём основано сопротивление идее мемориала?*
4. *Почему эта идея важна для будущего?*

Notes: Н. С. Хрущёв (1894-1971) — First Party Secretary from 1953, started the process of liberalisation with his famous Secret Speech at the Twentieth Party Congress in 1956 in which he denounced Stalin's 'personality cult'; deposed by L. I. Brezhnev in 1964; Л. И. Брежнев (1906-1982) — First (General) Secretary from 1964 until his death; похерена — scrapped; он продолжал оставаться человеком половинчатым — he remained half-hearted in his actions/efforts, etc; чурбановы и щёлоковы — reference to N. A. Shchelokov and Yu. M. Churbanov who as Minister and Deputy Minister of the Interior respectively during the Brezhnev years used their position for personal gain; Shchelokov committed suicide in 1983 while under investigation; Churbanov was sentenced to 12 years imprisonment for bribery in 1988; разрозненные — uncoordinated; донкихот — Quixote; партконференция — reference to XIX Conference of the Communist Party called in June 1988 to promote reform; it was noted for its frank expression of diverse opinions.

Chapter Two

NEW CONCERN FOR THE ENVIRONMENT

Text 1: ЗЕЛЁНЫЙ ЦВЕТ НАДЕЖДЫ

Однажды утром, когда позднее солнце ещё не вполне воцарилось над холодным и чистым январским морем, мы увидели со своего балкона вереницу дельфинов, плывущих вдоль берега. Через равные промежутки времени они почти синхронно выставляли из воды свои круглые спины, а потом надолго исчезали в аквамариновой глубине. Вдруг что-то назойливое и неприятное влилось в этот идиллический пейзаж. Я пригляделась. Это был длинный и широкий, мутно-серый язык стоков, который расползался в море от маленького, но бойкого грязного ручейка, что тёк из-под нашего санатория...

Для меня это стало зримым символом вторжения современного человека в природу.

Впрочем, символ опоганенной природы у каждого будет свой. Горы отвалов за горно-обогатительным комбинатом, охапка увядших полевых цветов, выброшенных из окна электрички, ирригационный канал, наполненный крепким раствором минеральных удобрений... Однако, нет страданий у земли и живого мира, рождённых не человеком. Да, катаклизмы случаются: как и тысячи лет назад, пепел и лава из недр планеты укрывает окрестности вулканов и падают в море от ударов волн берега. Но что эти привычные земле картины в сравнении с жизненной катастрофой пчелы, павшей от дуновения ядовитого ветерка, и трагедией рыбы, которая погибла в схватке с плотиной. Или в сопоставлении с драмой женщины, недонашивающей детей своих оттого, что работает она на заводе химических волокон или в поле, которое усыпано дефолиантами для удобства собирания хлопка.

Но мы уже спохватились.

В один и тот же день в редакцию приезжает прелестная студентка из Одессы с письмом в защиту Чёрного моря, звонят незнакомые люди из Новополоцка, Краснодара и Москвы с сообщениями об экологических митингах и приходит послание к молодёжи от 87-летнего агронома из Львова с призывом вглядеться, сколь варварски вырубаются леса в нашей стране, и спасти их от такого «хозяйствования».

Многих чиновников безумно раздражает этот ажиотаж вокруг экологических проблем. И я знаю, отчего это происходит. Не только оттого, что надо как-то реагировать, звонить в милицию для обеспечения порядка на митинге, а то и выступать, имея перед взором недоверчивое вече «неформалов».

Нет — тут философия. Ведь «экология» — это такой парадокс, когда не новое-передовое борется со старым и непременно должно победить, а старое — доброе, чистое, праведное — сопротивляется натиску нового (далеко не всегда лучшего и передового), и мы хотим, чтобы это древнее и вечное победило. Речка нашего детства чистыми тёплыми струями бьётся в нашу память и молит спасти её от убивающего её научно-технического головотяпства. Мощная ель, которой жить бы да жить, укоряет нас своей голой верхушкой, пострадавшей от кислотных дождей. А, главное, нашим детям с их аллергией, нервностью, астмой мы желаем крепкого — прадедовского, «дохимического» — здоровья.

Не зря вдруг слово «экология» мгновенно охватило и другие стороны нашей жизни. Экология культуры, экология души, экология музыки...

«Экология» — как сигнал: спаси и возроди то, что ещё можно спасти и возродить.

Никто не поможет нашей земле, если мы не поможем ей.

Но кто и что поможет нам осознать это? Экологическая гласность. И люди действия. К ним я отношу и тех, кто берёт лопату в руки, чтобы посадить ивовый прутик на берегу обмелевшей реки, и тех, кто идёт с петицией под начальственные своды.

Вспомним: ещё вчера слово «зелёный» считалось подозрительным в идеологическом плане. Но мы пережили Чернобыль, аварию под Ярославлем... Мы поумнели и понятию «зелёный» придаём только положительный смысл: цвет надежды.

«Комсомольская правда» 5. 6. 88.   Т. КОРСАКОВА

Задание: ответьте на вопросы:

1. Чем стал для Корсаковой грязный ручеёк, который впадал в Чёрное море?

2. Какими примерами она иллюстрирует страдания живого мира, рождённые человеком?

3. Как люди стали действовать?

4. Кого эти действия раздражают и почему?

5. Чем непривычна для Советского Союза философия экологии, которую излагает Корсакова?

Notes: опоганенная природа — defiled, befouled environment; отвал — slag-heap; горно-обогатительный комбинат — ore-enrichment plant; женщина, недонашивающая детей — woman giving birth prematurely; вече — veche, popular gathering in medieval Russian towns; «неформалы» — grass roots movements and organisations; головотяпство — bungling; идёт с петицией под начальственные своды — takes a petition to high places; Чернобыль — reference to the accident at the Chernobyl nuclear power station on 26 April 1986; авария под Ярославлем — train derailment involving a major spillage of toxic chemicals on 1 February 1988.

Text 2: ВОДА БЕЗ РЫБЫ, РЫБА БЕЗ ВОДЫ

(i) ...Череповецкий металлургический комбинат — далеко не единственное предприятие города. И вся промышленная армада, будто могучая кочегарка, выбрасывает в атмосферу до миллиона тонн ядовитой пыли. А «водным путём» предприятия отравляют Шекснинский плёс.

В январе этого года в Шекснинский плёс устремились потоки фенола, с серной кислотой и нефтепродуктами. В дозах тысячи раз превышающих так называемую ПДК — предельно допустимую концентрацию!

Местные власти попытались скрыть случившееся от людей. Две запоздалые корреспонденции в местной и областной молодёжной газете, где шла речь о рыбьей беде, но ни слова об угрозе для людей, — вот и всё, что было «позволено» журналистам.

(ii) Потрясла ваша статья «Вода без рыбы, рыба без воды». И самым странным показалось то, что после этой трагедии ничего не сообщили людям, не предупредили их. А люди спокойно жили, пользовались этой водой, ловили рыбу. Сразу вспомнила кадры из фильма о Чернобыле — какими-то расплывчатыми фразами отделывается врач, когда его спрашивают, почему он ничего не сделал для того, чтобы люди смогли уберечь себя...

Как похоже — двойное преступление: сначала по вине КОНКРЕТНЫХ людей оно совершается, а потом КОНКРЕТНЫЕ же люди могут в какой-то степени уменьшить его последствия, но нет — у них другие заботы. Они, эти люди, о нас же «заботятся», чтобы не волновать нас, не вызывать паники (мало ли что будет!). А что действительно уже происходит — обойдётся...

Хочется спросить, крикнуть: да есть ли у вас самих дети, семья?! Или они не тем воздухом дышат, не ту воду пьют, на другой земле живут? Вы ведь шкуру свою спасаете, а ваш сын и внук, которого, может, ещё и нет, но которого вы уже отравили, ему что делать? Что делать его родителям, когда он, крошка, мучается от диатеза, аллергии, когда не знаешь, чем его кормить, на какой край света везти, надеясь — может, там ему будет легче...

(iii) ... Взять бы интервью у руководства ЧМК, других промышленных предприятий Череповца, Череповецкого горисполкома, Вологодского облисполкома, обкома и горкома КПСС, задать бы там такие, к примеру, вопросы:

1. Какова смертность от раковых заболеваний в Череповце, на Вологодчине?

2. Почему, если мы говорим, что главное богатство нашей страны — народ, ради плана отключаем очистные сооружения? Хотя когда приезжает высокое начальство, на небе — ни дыминки?

3. Почему об аварии на Рейне твердили чуть ли не месяц, а в данном случае «Неделя» напечатала репортаж почти через полгода? И потом: «там» калечат природу нажива, прагматизм, равнодушие к земле, к человеку... А у нас? Техническое несовершенство, халатность, беспечность?.. Но ведь и это не первопричины!

«Неделя» № 20 и 24, 1987 г.

Задание а): ответьте на вопросы:

1. Что произошло в городе Череповце?

2. Какие меры приняли местные власти?

3. Почему они так поступили?

4. Какие вопросы хотел бы задать руководителям автор одного из отрывков?

Задание б): обсудите тему: «Что калечит природу?»

Notes: Шекснинский плёс — deep section, pool, in the river Sheksna, on which the industrial town of Cherepovets is situated; Чернобыль — reference to the accident at the Chernobyl nuclear power station on 26 April 1986; диатез —

diathesis, the constitutional state of the body which renders it susceptible to certain diseases; на вологодчине — in the Vologda area, in the north-east of European Russia; авария на Рейне — reference to major pollution of the Rhine following a fire at a chemical warehouse near Basel, Switzerland, on 1 November 1986.

Text 3: **ОТНОШЕНИЕ К АТОМНОЙ ЭНЕРГЕТИКЕ**

(i) ...Молодым позволительно говорить правду, и только правду, какой бы горькой она ни была. И не умалчивать, ссылаясь на высшие державные интересы.

Разве это секрет, что и после чернобыльской беды мы всё ещё не ответили на многие насущные вопросы атомной энергетики? Что на Украине — одном из самых густонаселённых регионов, составляющем всего 3 процента от территории страны, в прошлом году, как сообщалось в «Правде», было расположено 10 из 41 энергетического блока, то есть почти четвёртая часть общесоюзных мощностей АЭС. Что эти мощности предполагается расширять. Что будут, следовательно, скопляться новые массы радиоактивных отходов. Что, если атомная энергетика будет и далее развиваться в нынешнем темпе, то, по оценке и наших и зарубежных специалистов, придётся решать проблему захоронения миллионов тонн радиоактивных отходов...

Так неужели мы не вправе получить ответ на эти и другие вопросы от наших учёных? И к лицу ли нам, отцам, закрываться от пытливых глаз детей наших зонтом секретности? Уж коли ныне с высоты космической орбиты есть возможность — в одинаковой мере и нам, и им — прочесть на земле полосу «Правды» с материалами, призывающими к гласности, то разглядеть станцию — и подавно. Тем паче, что ведь не у нас, а у них, в частности в США, после крупных аварий на АЭС возник «кризис доверия» к ним.

«Литературная газета» 1.7.87.   Борис ОЛЕЙНИК

(ii) И вот решение принято.

Случай беспрецедентный: недавно начавшееся строительство Краснодарской атомной электростанции в конце прошлого года было остановлено. Принято решение подыскать для АЭС новую площадку.

До Чернобыля иметь атомную станцию было не только выгодно — даже престижно. Кроме энергетической самостоятельности, это гарантировало и повышение внимания к «атомному региону». Строительства

АЭС добивались Грузия, Азербайджан. Краснодарский край тоже был в числе просителей. И своего добился. За дело взялся «Атомэнергопроект». Дело непростое: неподалёку Кавказский биосферный заповедник, богатые кубанские поля, до курортных зон рукой подать.

Но тут весь мир и заговорил о Чернобыле. И тогда по местному телевидению против строительства АЭС выступил председатель крайисполкома. Его выступление опиралось уже на общественное мнение... Общественное мнение, которое после чернобыльской трагедии просто нельзя было не принимать во внимание.

Случай с Краснодарской АЭС — не единственный. «Разве можно было строить атомную станцию в нашей республике, где землетрясения случаются чуть ли не каждый месяц?» — пишут из Армении. В Минатомэнерго теперь пишут с Украины, из Белоруссии, со всей страны. Два десятка действующих АЭС и почти все строящиеся ожесточённо оспариваются местными жителями. Цепная реакция...

Думаю, что сегодня эта ситуация неудивительна. Читали мы и об «антиядерных» демонстрациях в других странах, и о референдуме в Австрии, решившем, что АЭС и вовсе строить на надо, и о связанных с этим опасениях в США.

«Комсомольская правда» 27.1.88.   В. УМНОВ

Задание а): ответьте на вопросы:

1. *Какие насущные вопросы атомной энергетики волнуют Бориса Олейника?*
2. *Что значило иметь атомную станцию до Чернобыля?*
3. *Почему председатель Краснодарского крайисполкома выступил против строительства АЭС?*
4. *Как относятся к атомным электростанциям жители других районов страны?*

Задание б): обсудите тему: «Проблемы развития атомной энергетики».

Notes: после чернобыльской беды — reference to the accident at the Chernobyl nuclear power station on 26 April 1986;   АЭС — атомная электростанция — nuclear power-station; радиоактивные отходы — radioactive waste; «Атомэнергопроект» — body for drawing up plans for nuclear power-stations; Минатомэнерго — ministry in charge of nuclear power generation; Б. И. Олейник (b. 1935) — well-known Ukrainian poet.

Text 4: НУЖНА ЛИ ВОЛГЕ ЭТА ПЛОТИНА?

(1) «Мы, жители деревень Полоховского сельсовета постановили на сельском сходе просить Президиум Верховного Совета СССР отменить решение о строительстве Ржевского гидроузла в верховьях Волги. То, что создано природой, погубить можно, хотя и для этого нужны средства, а восстановить красоту никакими средствами невозможно. Здесь жили наши отцы и деды, так пусть наши дети продолжают жить здесь, на земле отцов, приумножая её богатство...»

Такое письмо направили в Верховный Совет СССР работники совхоза «Свердловский», земли которого, согласно проекту, частично попадают в зону затопления. Сельские сходы ещё восьми сельсоветов района также решительно протестовали против проекта строительства гидроузла.

Что же происходит сейчас в Верхневолжье? Против чего выступают жители и руководство Калининской области, многие москвичи, писатели, учёные?

Немного истории. В 1975 году рассматривалась и утверждалась генеральная схема развития водоснабжения Москвы. Её создание было вызвано ростом города, а также необходимостью обеспечить запасы воды на случай засухи. В институте «Гидропроект» начались проектные работы. Проект Ржевского гидроузла признали наиболее дешёвым и удобным. Другие варианты были изучены хуже, и их отставили в сторону.

Спору нет, Москве необходим запас воды в засушливые, маловодные годы. Но так уж ли нужен этот гидроузел, который ставит под угрозу существование последней оставшейся на Волге естественной экосистемы? Запланирована прибавка воды в Москве всего лишь на 25 кубических метров в секунду, в то время как столице к 2000 году будет необходимо минимум в три раза больше. Строительство гидроузла проблему не решает.

Сейчас реки Волги в России практически уже нет, а есть каскад водохранилищ — Иваньковское, Угличское, Рыбинское и дальше вниз по течению. Собственно реки — чистой, живописной, рыбной — остаётся немного: всего около 400 километров. Протекает она по заповедным местам Верхневолжья, где сохранился последний в мире участок южной тайги европейского типа. Для подготовки водохранилища площадью почти 10 тысяч гектаров должно быть вырублено около 8 тысяч гектаров лесов. А в средней полосе лес - основа жизни рек, именно там скапливаются грунтовые воды, питающие их.

Со строительством Ржевского гидроузла Волга как река окончательно перестанет существовать: от Селижарово до Астрахани - сплошная цепь плотин!

Создавать новые водохранилища пока ещё есть где. Но что будет, когда все возможности физически иссякнут и не останется рек для строительства плотин?

А. АНТОНОВ, А. ОВЧИННИКОВ, А. ШОГИН

(ii) **МНЕНИЕ ПИСАТЕЛЯ**

Никто не отрицает, что большому городу требуется много воды. Но весь вопрос о том, как её тратить - экономно или нет. Сейчас водопотребление на каждого москвича составляет более 600 литров в день. Этот же показатель, например, в Париже - 300 литров, а в Брюсселе - 180 литров. Любой из нас в состоянии сократить потребление воды, если установить в каждом доме, каждой квартире специальный счётчик. Экономя мы могли бы реально сократить водопотребление в 2,5 раза.

Сторонники проекта Ржевского гидроузла не желают считаться с мнением общественности, требующей положить конец практике волевых решений... Не всё в нашей жизни исчисляется в рублях... Пока не поздно, надо остановиться.

Сергей ЗАЛЫГИН

(iii) **МНЕНИЕ СПЕЦИАЛИСТА**

Сейчас, по нашему мнению, обстановка в стране с водой складывается так, что новый дополнительный источник просто необходим. никакими мерами экономии решить проблему нельзя.

Мы - инженеры, поэтому привыкли оперировать точными данными. По своим техническим и экономическим показателям, в том числе такому важному, как эффективность водохранилища. Ржевский вариант в этом отношении лучше, чем другие.

«Экологисты» выступают против проекта. Они мотивируют это тем, что рассчитанный дефицит воды не столь велик, как предполагалось, и может быть уменьшён за счёт экономии. Многие их доводы звучат для специалистов неубедительно.

«Неделя» № 29, 1987 г. В. ДАРКШЕВИЧ

Задание а): ответьте на вопросы:
1. *О чём просят Верховный Совет работники совхоза «Свердловский» в своём письме?*
2. *Какие у них аргументы?*
3. *Зачем решили создавать Ржевский гидроузел?*
4. *Что произойдёт с Волгой, если его построят?*

Задание б): прочитайте отрывки (ii) и (iii), в которых выражены противоположные мнения о проекте, выберите мнение, с которым вы согласны, и продолжите спор с вашим оппонентом — «специалистом» или «экологистом».

Notes: гидроузел — a hydraulic engineering complex, usually including a dam, to generate power, transport water or create a reservoir; С. П. Залыгин (b. 1913) — well-known Soviet writer, prominent campaigner on environmental issues.

Text 5: ОСТАНОВЛЕН ЗАВОД

Во вторник, 2 июня, полностью остановлено производство на Киришском биохимическом заводе, закрытия которого уже давно добиваются жители молодого города на Волхове.

Биохимзавод был пущен чуть более десятка лет назад. Здесь занимались производством белково-витаминного концентрата.

С вводом в строй завода многие жители Кириш по временам стали задыхаться, резко возросло число заболеваний бронхиальной астмой, появились кожные и разного рода аллергические болезни, связанные, как об этом писала газета «Киришский факел», с загрязнением воздушной среды и реки Волхов, резким ухудшением общей экологической обстановки.

На законные требования киришан принять конкретные меры, которые восстановили бы нормальные условия для жизни, представители министерства, администрация завода, а также некоторые местные должностные лица долгое время отвечали заверениями, что, дескать, загрязнение не превышает допустимой нормы, что отдельные неисправности, приводящие к утечке белка, устраняются, — словом, причин для беспокойства нет.

Обстановка в особенности накалилась после больших выбросов в атмосферу, случившихся в марте. Вопрос о закрытии завода-отравителя аргументированно был поставлен на страницах «Киришского факела». Образовалась инициативная группа общественности. Она стала с особой настойчивостью добиваться решения давно назревшей проблемы. Требования общественности нашли отклик в горкоме партии, горисполкоме.

21 мая, выступая на собрании партхозактива и общественности, министр В. Быков (не так давно бывший директором этого завода) пытался было доказать, что ничего страшного не происходит. Но под давлением неопровержимых фактов, свидетельствующих об ухудшении экологической обстановки, согласился остановить производство с 2 июня.

Вечером в среду на заводе состоялась встреча работников предприятия с партийным и советским руководством города. Обсуждались проблемы, связанные с трудоустройством персонала остановленного производства. И хотя ещё немало нерешённых вопросов, власти намерены в кратчайшие сроки обеспечить занятость горожан, не ущемив их интересы.

«Известия» 5. 6. 87.   А. ЕЖЕЛЕВ

Задание: ответьте на вопросы:

1. *Как изменилась экологическая обстановка в Киришах после ввода в строй биохимзавода?*
2. *К чему это привело?*
3. *Как реагировали на жалобы жителей?*
4. *После чего была создана инициативная группа?*
5. *Какой вопрос придётся решать властям после закрытия завода?*

Notes: Кириши — town near Leningrad, on the river Volkhov, which flows into Lake Ladoga; собрание партхозактива и общественности — joint meeting of party officials and plant managers with members of the public.

Text 6: ГЛАВНЫЙ ПОСТ ЭКОЛОГИИ

Опубликовано решение правительства о создании Государственного комитета по охране природы. В числе всего, что происходит сегодня в нашей хозяйственной, социальной и общественной жизни — событие это не рядовое. За создание комитета боролись, объясняли, доказывали его необходимость многие годы. И если оглянуться к истокам, то надо вспомнить визит к видному государственному деятелю в начале шестидесятых годов группы учёных. Была высказана озабоченность: растущие масштабы хозяйственной деятельности угрожают природе. Она нуждается в охране. «Охранять природу? От кого? От рабочего класса?» - прозвучало в ответ. На этом разговор и окончился.

Не станем утверждать, что все и всё тогда понимали. Экологические знания на всех уровнях были ничтожными. Это было время безоглядного «покорения природы», многим казалось: дна у колодца нет, всем и всегда всего хватит - земли, воды, лесов, минералов. Но уже невозможно было не замечать вздохи людей: речка почему-то пересыхает, ушла вода из колодцев, появились пыльные бури...

Пожар начался, языки пламени уже начинали вырываться наружу. И это явление было не только наше, отечественное, весь мир столкнулся с грозными последствиями роста населения Земли, индустриализации хозяйства. Когда беда стала всем очевидной, ударили в колокола.

В 1972 году в Соединённых Штатах я наблюдал вспышку экологических страстей, сходных с теми, что мы сейчас наблюдаем у себя дома. Взбудоражены были все, и это дало нужные результаты. Создано было специальное ведомство по охране природы, приняты важные законы и нормативы природопользования, много было сделано для образования и просвещения народа. Делалось это в обстановке подчёркнутой гласности. «Природопользование - это хождение по минному полю, - писал американский эколог. - Каждый неосторожный шаг должен быть обнародован, чтобы избежать беды в другом месте». Поступай мы в те годы так же, не имели бы, возможно, сегодня того, что имеем. Нет, соблазнились поступать как раз наоборот - всё замалчивать. Сделали вид, что это «у них» там пожар, а у нас всё в порядке, у нас-де это и быть не может. На публикации, связанные с бедствиями природы, был наложен запрет. И драма очень быстро, за какие-то 20-25 лет, превратилась в трагедию.

Сегодня хорошо видно: комитет и не мог быть создан ранее ныне текущих процессов. Хозяйство страны велось таким образом, что все приращения в нём, а также покрытие упущений, просчётов и нерадивости осуществлялось за счёт природы. Богатства природы помогали держаться кое-как на плаву, маскировали плачевное состояние экономики. Комитет по охране природы был бы палкой в колёсах такого хозяйствования. Но разве можно было такое произнести лет пять-десять назад? Создание комитета, таким образом, - прямой результат изменения нравственной обстановки в стране и стремления к коренным переменам в хозяйствовании.

Лёгкой жизни у этого комитета не будет. Ему придётся вступать в конфликты, и очень серьёзные. Заблуждение думать, что всю страну можно объявить заповедником. Страна, хозяйство её должны развиваться. Но как?

Модернизируя экономику страны, мы должны внедрять новейшие природощадящие технологии, ресурсосберегающие технологии. Идеал - технологии безотходные. Все ведомства, планируя свою работу, разрабатывая проекты, непременно должны задаваться вопросом: а как это отразится на природе?

Комитет должен быть глазом и гласом подлинно государственных и, значит, народных интересов, он должен быть выразителем нашего понимания истинных ценностей жизни. На первом месте среди всех благ должны стоять: здоровый воздух, чистая вода, здоровая пища, возможность людей общаться с природой. Без этого все остальные ценности иллюзорны.

«Комсомольская правда» 4.2.88.　　　　В. ПЕСКОВ

Задание а): ответьте на вопросы:

1. *Почему создание Государственного комитета по охране природы - событие не рядовое?*
2. *Каким было отношение в верхах к охране природы в начале шестидесятых годов?*
3. *Что уже тогда стали замечать люди?*
4. *Как реагировали на это власти?*
5. *Как тогда велось хозяйство страны?*
6. *Какой вопрос должны задавать себе ведомства, модернизируя экономику?*
7. *Какие ценности автор статьи считает истинными?*

Задание б): обсудите тему: «Хозяйственная деятельность человека и природа».

Notes: обнародован — made public; приращение — increase; природощадящий — kind to nature; ресурсосберегающий — prudent, economical in the use of natural resources; безотходный — without any waste products.

Chapter Three

REFORMING THE ECONOMY

Text 1: ЭКОНОМИКА И ДЕМОКРАТИЯ

Все коренные преобразования начинаются с экономики, основы жизни общества. Решения недавнего Пленума ЦК КПСС направлены на создание нового хозяйственного механизма. Главным звеном этого механизма признано предприятие (объединение). Определён и главный принцип его действия - полный хозрасчёт в форме самофинансирования, самоокупаемости.

Суть перемен - в переходе от административных методов управления к экономическим. Не команды сверху, не мелочная регламентация, а интерес, точнее, сочетание интересов каждого труженика, коллектива с интересами всего общества становится импульсом экономики. Он должен обеспечить её динамичное, ускоренное развитие.

Сегодня на первый план выступает взаимосвязь экономики и демократии.

Разве демократичны, например, попытки центра (министерства) изымать прибыль у лучших предприятий и перераспределять её, отдавая тем, кто работает хуже? Нет.

«Известия» 3.7.87.

Задание: ответьте на вопросы:

1. *Что станет главным принципом действия предприятия?*
2. *Что будет означать на практике переход от административных методов управления к экономическим?*

Notes: хозрасчёт — economic, profit-and-loss accounting; самофинансирование — self-financing, funding one's own investment; самоокупаемость — cost-effectiveness.

Text 2: ВОПРОС ЭКОНОМИСТУ

«Недавно я переехал в новый дом. В нём очень много молодёжи. В свободное время мы часто собираемся во дворе. Разговоры идут в основном о делах современных, о перестройке. Мы считаем, что главное сейчас - оздоровить экономику. Тут мы единодушны. Споры идут вокруг другого. Например, хозрасчёт. О нём много говорилось и раньше. А сейчас его называют полным. В чём отличие? Появились и новые термины — самоокупаемость, самофинансирование. Что это такое? Тут у нас мнения расходятся...» (С. Захарченко, Новосибирск)

НА ВОПРОСЫ ЧИТАТЕЛЯ ОТВЕЧАЕТ ДОКТОР ЭКОНОМИЧЕСКИХ НАУК И. Г. ШИЛИН.

— Так давайте по порядку. Если сказать просто, то полным хозрасчётом будет называться работа в таких экономических условиях, когда развитие предприятия полностью определяется его доходами, прибылью, оно должно рассчитывать только на свои силы. Возьмём, например, обувную фабрику. Чтобы ей просто существовать, или, иначе говоря, сводить концы с концами, нужно, чтобы денежная выручка фабрики позволяла ей полностью рассчитаться с предприятиями-поставщиками за кожу, нитки, станки, за воду и электричество, а также выплачивать зарплату своим рабочим... Такая безубыточная работа уже называется самоокупаемостью.

Самофинансирование — это логическое продолжение самоокупаемости, только более высшая ступень. Ведь, чтобы производство не стояло на месте, а развивалось, фабрике недостаточно только окупать затраты. Надо вкладывать деньги и на возведение новых производственных корпусов, и на покупку нового оборудования, на строительство жилья, детсадов. Надо и повышать зарплату рабочим по мере роста производительности труда и квалификации. Конечно, для всего этого необходимо иметь не просто выручку, а очень хороший доход. И если он будет, то фабрика сможет сама не только окупать, но и финансировать расширение своего производства на современном техническом уровне.

А пока ещё большей частью прибылью заводов и фабрик распоряжаются министерства. И нередко деньги от наиболее прибыльных они передают в казну предприятий «бедных», хронически отстающих. Такая система позволяет беззаботно существовать за счёт других даже предприятиям убыточным. Именно от этого мы и должны уйти — обеспечить предприятиям резкое расширение самостоятельности и тем самым поставить коллективы в полную зависимость от своей работы. Только тогда они будут по-настоящему заботиться о качестве, товарном виде, да и дешевизне своей продукции, о чём раньше болеть особо не приходилось: главное - выпустить, вытолкнуть её за ворота, а там хоть трава не расти.

Если товар даже и не покупали, средства предприятие всё равно получало от министерства. В итоге что получилось? Обувь у нас - один из самых острых дефицитов. Во-первых, оттого, что она весьма низкого качества и быстро изнашивается. А во-вторых, предприятия не заботятся о рациональной структуре её выпуска. То есть к лету невозможно, например, купить летние босоножки, а к зиме, когда от них уже ломятся полки магазинов, не достанешь тёплых сапожек.

В новых условиях каждое предприятие, которое не сможет из-за плохого качества и из-за своей неповоротливости сбывать товар, быстро окажется нерентабельным - безденежным. И если не сумеет в прямом смысле перестроиться на более эффективную работу, то будет попросту закрыто.

«Комсомольская правда» 5. 9. 87.

Задание: ответьте на вопросы:

1. *Зачем С. Захарченко написал в газету?*
2. *Как И. Г. Шилин объясняет, что такое хозрасчёт?*
3. *А как он понимает самофинансирование?*
4. *Как должна измениться система распоряжения прибылью?*
5. *Что будет с предприятием в новых условиях, если оно не будет заботиться о качестве?*

Notes: хозрасчёт — economic, profit-and-loss accounting; самоокупаемость — cost-effectiveness; самофинансирование — self-financing, funding one's own investment; денежная выручка фабрики — the money a factory makes; хоть трава не расти — who gives a damn.

Text 3: ЧЕГО Я БОЮСЬ

В последнее время в печати всё чаще говорится о необходимости установить «реальные» цены на мясо-молочные продукты. Например, в журнале «Новый мир» читаем: «...Должны быть выровнены закупочные цены на все виды аграрной продукции, чтобы ликвидировать убыточность многих отраслей сельского хозяйства, например, животноводства и картофелеводства. Средства на это могут быть получены за счёт сокращения государственных более чем пятидесятимиллиардных продовольственных дотаций». То есть речь идёт об устранении экономической нелепицы, когда государство продаёт сельхоз-продукты дешевле их себестоимости.

Однако представим себе, что кругом восторжествуют «кооперативные» цены на мясо-молочные продукты и возможное насыщение товаром произойдёт за счёт вынужденного отказа от него или сокращения его потребления значительной частью покупателей. У нас есть ещё ставки семьдесят рублей, и пенсии инвалидам с детства, и пособия одиноким матерям двадцать – сорок рублей в месяц.

Мне могут возразить: лучше по кооперативной цене, чем вообще отсутствие товара в магазине, как это сейчас наблюдается на периферии.

Если прежде экономисты, превознося плановость хозяйства, третировали рынок как «не наш», то теперь, как мне представляется, они впадают в другую крайность. Да, рынок обеспечивает высокое качество товара и гибкость в удовлетворении покупательского спроса, но он неохотно снижает цены и предпочитает иногда пожертвовать частью продукции, чтобы сохранить высокие цены на остальную.

Правда, приходится слышать мнение, что пусть, дескать, двадцать миллионов пострадают, зато двести будут жить хорошо. Но приемлема ли для нас такая социальная «арифметика»?

Чрезвычайно важен, по-моему, социальный аспект. Я знаю, что повышение цены, например, на консервы «свинина пряная» вызывает большее возмущение, чем удорожание автомобилей. И, кроме того, не надо забывать, что люди у нас десятилетиями воспитывались на идеалах социального равенства...

Я боюсь, что в случае подорожания продуктов люди могут отвернуться от перестройки как от «говорильни», при которой цены скачут выше отметки. И тогда поднимут голову истинные враги перестройки, которым гласность и демократия поперёк горла стоят. Вспомним, что демагоги в истории – и в нашей, нашей! – частенько побеждали честных людей.

«Литературная газета» 12.8.87.   М. АЛЕКСАНДРОВА

Задание а): ответьте на вопросы:

1. *Что говорится в печати о ценах на аграрную продукцию?*

2. Почему автор против «кооперативных» цен на мясо и молоко?

3. Как изменилось отношение экономистов к рынку?

4. Что может произойти с перестройкой в случае подорожания продуктов?

Задание б): обсудите тему: «Рациональны ли государственные дотации на продукцию сельского хозяйства?»

Notes: «кооперативные» цены - prices in co-operative shops, which can be up to four times higher than in state-run shops; консервы «свинина пряная» — spiced pork, a brand name of tinned meat.

Text 4: СТРАСТИ ВОКРУГ ЦЕН

(i) «Кто же проголосует за более высокие цены на продукты? Это безразлично лишь тому, кто живёт не на зарплату. Повышение цен на продукты питания, думается, нанесёт и огромный урон престижу социализма. Ведь его существенным преимуществом и законом является стабильность цен, понятная всем и каждому.» (Л. Романенко, Москва.)

(ii) «Повышение цен? Да это на пользу только спекулянтам и мошенникам!» (Л. Ещенко, Москва.)

(iii) «Давайте в корне менять сложившуюся аномальную ситуацию с ценами. Ведь это страшно: крестьяне не хотят держать свиней, коров! Подавляющее большинство крестьян не желает продавать выращенные излишки продуктов! Это им невыгодно. Низкие цены больно хлещут многомиллионную армию крестьян. Некоторые экономисты гуманны по отношению к низкооплачиваемым горожанам. А по отношению к крестьянам?» (Н. Гвоздович, Минск.)

(iv) «При нехватке того или иного продукта цена должна повышаться до баланса спроса и предложения. Продукт становится более рентабельным, поэтому увеличивается его производство. Цена стабилизируется или падает. Цены должны быть гибкими! Ущерб, который мы несём, придерживаясь «твёрдых цен», значительно больше возможных последствий повышения цен.» (С. Метик, Оренбург.)

(v) «У нас в семье на каждого человека приходится по 120 рублей в месяц. Никаких сбережений, никаких «левых доходов». Сейчас я жду ребёнка. Мы с мужем решили, что у нас будут ещё дети. Но если повысятся цены на питание, то, конечно, ни второй, ни третий не появятся — прокормить бы одного. Пусть детей рожают те экономисты, которые подсчитали, что для моего блага необходимо удорожание продуктов!» (Н. Белых, Киев.)

(vi) «Существующие закупочные цены отражают не столько общественно необходимые затраты, сколько затраты, вызванные бесхозяйственностью, плохой организацией и низкой производительностью труда... Не розничные цены нужно поднимать до уровня закупочных, а снижать закупочные на основе роста производительности труда, рационального использования ресурсов, внедрения новой техники. В один день это не делается.» (В. Резников, Москва.)

«Литературная газета» 30.9.87.

Задание: определите позицию авторов данных писем, скажите, какими аргументами она подкрепляется?

Notes: «левые доходы» — income — often illicit — obtained from activities other than one's direct employment.

Text 5: О БЕЗРАБОТИЦЕ

(i) Ни разу вы ещё не напечатали письмо человека, который не является сторонником перестройки или хотя бы сомневается в том, как она проходит.

Тогда вы можете спросить, а зачем же я пишу? Не знаю, наверное, с досады. Я действительно боюсь, что если не я, то мои дети когда-нибудь узнают, что такое безработица. А ведь это действительно страшно. И совершенно неубедительно выглядят утверждения некоторых экономистов о том, что якобы безработица — эффективный способ борьбы за повышение производительности труда и т.д. Ведь даже лидеры консервативных партий в Западной Европе говорят о том, что безработица — зло и с ней надо бороться (правда, до дела у них не доходит).

Каким образом будут трудоустраивать рабочих с закрывающихся предприятий, если все заводы и фабрики у нас перейдут на полный хозрасчёт?

«Комсомольская правда» 18.8.87.   Марина

(11) Здравствуйте!

Мне 18 лет, имею специальность, учусь заочно, работаю, вернее, работала. Я полноценный человек, гражданин СССР, и, наконец, я комсомолка. Я хочу работать, приносить хоть и малую, но всё же пользу людям, обществу.

Но у меня нет такой возможности. У нас, в городе Новом Узене, сейчас никто не сможет устроиться на работу, потому что идёт сокращение. Везде, на предприятиях, в конторах сокращают рабочий штат.

А что делать мне? Так и сидеть на шее у родителей? Кто интересуется нами? В таком положении оказалась не только я, таких «ненужных» комсомольцев немало. Задумывается ли кто-нибудь об этом? Получается, что в нашем молодом городе лишняя молодёжь? Ладно, приезжие сразу уедут обратно, а тем, кто здесь родился?

Может быть, в подобных ситуациях надо создать нечто вроде штаба по молодёжным трудовым ресурсам при горкомах комсомола — для помощи тем, кто окажется в сложном положении. Ведь реформа в экономике предусматривает сокращение рабочих мест.

«Комсомольская правда» 15. 3. 87.   И. РУСТАМОВА

Задание: ответьте на вопросы:

1. *С каким мнением экономистов о безработице не согласна Марина?*
2. *Почему в СССР стали появляться безработные?*
3. *Что рассказывает о себе И. Рустамова?*
4. *Какой выход она предлагает а) для приезжих? б) для тех, кто родился в Новом Узене?*

Notes: хозрасчёт — economic, profit-and-loss accounting; сокращение — staff cuts.

Text 6:   ВЫБИРАЙ РАБОТУ

В Латвии начала действовать единая республиканская система трудоустройства населения. Она охватывает всю территорию республики и позволяет анализировать соотношение вакансий с числом временно не работающих людей. На основе такого анализа организациям, планирующим подготовку рабочих и специалистов, дают конкретные рекомендации.

Об эффективности службы трудоустройства говорят такие цифры. Учёные-социологи подсчитали: на самостоятельный поиск работы человек затрачивает 20-30 дней, а с помощью бюро — 3-4 дня. Выбор самого места работы по специальности (а это, как известно, имеет для человека не последнее значение) здесь весьма солидный. Например, в рижском городском бюро токарю предложат сейчас не менее 600 мест, водителю — 400, каменщику — до 500, бухгалтеру — 200, инженеру-конструктору — более 300 мест. В других городах республики выбор тоже не мал. Кроме того, в Риге недавно создана картотека претендентов на выдвижение. Суть вот в чём: инженер накопил немалые знания, у него богатый опыт, но в своём коллективе он не видит возможности дальнейшего роста. Коль у него есть на то веские основания, бюро поможет ему стать, скажем, начальником цеха.

«Правда» 21. 1. 87.
О. МЕШКОВ

Задание: ответьте на вопросы:

1. *Какие преимущества имеет создание единой системы трудоустройства населения?*
2. *Как в Риге помогают тем, кто желает выдвинуться?*

Text 7: КООПЕРАТИВЫ ПОДМОСКОВЬЯ

На вопросы «Недели» отвечает первый заместитель Мособлисполкома В. П. Колмогоров.

— Владимир Прокофьевич, расскажите, пожалуйста, о кооперативной и индивидуальной трудовой деятельности в Московской области.

— Создано более 700 кооперативов, которые объединяют свыше 5.000 человек, ещё около 7.000 человек заняты ИТД. Кооперативы занялись ремонтом и обслуживанием личных автомобилей, бытовой техники, ремонтом квартир, изготовлением мебели, переплётными работами, пошивом одежды и обуви, производством сельхозпродукции, вспашкой огородов, распилкой дров и многими другими полезными делами.

— Я слышал, что в некоторых подмосковных кооперативах работают школьники. Согласитесь, непривычный подход.

— Вот и вы говорите «непривычный». А знаете почему? Потому что с давних пор мы привыкли видеть в школьниках, даже старших классов, детей, которых не надо «нагружать». Но разве плохо, если в свободное время (оно, согласитесь, у них есть) ребята по-настоящему поработают? В городе Электростали создан кооператив «Молус» («молодёжные услуги» — так это расшифровывается), где работают и школьники. На них возложены помощь одиноким, престарелым, инвалидам, уборка квартир, уход за больными и детьми, доставка продуктов и так далее. Справляются!

— Раз речь зашла о «кадровом составе» кооперативов, давайте попробуем развенчать не такое уж редкое, к сожалению, мнение, что в них рвутся те, кто хочет просто «погреть руки» на наших проблемах с сервисом, на дефиците.

— Посмотрите, кто работает в подмосковных кооперативах: около 700 пенсионеров, примерно 560 домохозяек, студентов и учащихся, более 3.500 человек трудятся в свободное от основной работы время, ещё 740 — те, кто занят только в кооперативах (главным образом это руководители кооперативов).

Конечно, люди приходят в кооперативы или занимаются индивидуальной трудовой деятельностью, чтобы заработать, и заработок их, естественно, будет различаться. Он всегда выше у тех, кто проявит больше предприимчивости, инициативы, вложит больше труда. И ни один кооператив не станет работать себе в убыток. Но прибыль, а, следовательно, зарплата должна быть честной, заработанной. Мы не сомневаемся, что абсолютное большинство кооператоров трудится именно так. Конечно, наивно думать, что вовсе не будет ловкачей. Они были и раньше, до появления кооперативов. Встречаются и теперь. Недавно, например, в компетентные органы переданы материалы о кооперативном кафе «Аист» в Балашихинском районе: тут нашлись «предприниматели», которые организовали вечернюю торговлю водкой, по спекулятивным, разумеется, ценам. С подобными случаями необходимо бороться, как с любыми нарушениями закона. Но переносить отношение к мошенникам на тысячи честных людей, пришедших в кооперативы, занявшихся индивидуальным трудом, — недопустимо.

— Ещё один больной для многих вопрос: цены на кооперативную и индивидуальную продукцию.

— Да, сегодня они высоки, и Московская область здесь не исключение. Директивами в этом, очевидно, не поможешь, скорее отпугаешь людей от кооперации и ИТД. Ведь высокая цена платится за дефицитные товары и услуги, значит, снизиться она может только при исчезновении этого дефицита. То есть когда, с одной стороны, будет больше кооперативов, индивидуального труда, а с другой – и это, конечно, главное – расширит ассортимент, улучшит качество продукции и сервиса государственный сектор.

«Неделя» № 46, 1987 г.   Владислав СТАРЧЕВСКИЙ

Задание а): ответьте на вопросы:

1. *Почему работа школьников в кооперативах «непривычна»?*
2. *Кто ещё занимается индивидуальным трудом или работает в кооперативах?*
3. *Зачем люди это делают?*
4. *В чём обвиняют некоторых кооператоров?*
5. *Каковы перспективы снижения цен на продукцию и услуги кооперативов?*

Задание б): обсудите тему: «Какую пользу могут принести потребителю кооперативы?»

Notes: ИТД — индивидуальная трудовая деятельность — work by individuals outside the state sector, e. g. private taxis, home knitting and other crafts, etc; переплётные работы — bookbinding; «погреть руки» — to profit; ловкач — dodger, someone eager to make a fast buck.

Text 8: НЕЛЬЗЯ И МОЖНО

Из беседы с Н. Александровым, председателем исполкома Саратовского областного Совета народных депутатов.

Недавно пришли ко мне работники наших государственных фотоателье и говорят: «Запретите кооперативы фотографов. Они бандитствуют». Спрашиваю: «В чём же заключается их «бандитство»?» «А в том, – говорят, – что наши работники уходят из ателье в кооперативы. Там они больше зарабатывают». «А почему, – спрашиваю, – больше? Не потому ли, что там фотограф ездит по сёлам, ищет клиентуру, привлекает её качеством своих снимков? У вас ведь как? Пришёл человек, сфотографировался – хорошо. Не пришёл – посижу так. Аппарат, фотоматериалы – всё государственное, всё под рукой. А члену кооператива обо всём надо самому позаботиться: и о клиентах, и об условиях работы. Забот у него прибавилось раз в пять. Вот пускай и зарабатывает в пять раз больше, всё правильно, всё справедливо».

Получается, значит, что запретительство — это одна из форм диктата того, кто за долгие годы привык бездействовать, кто не умеет как следует пошевелиться, кто по натуре своей инертен и пассивен. Он, такой работник, воспитался, душой и телом сформировался на бесконечных «нельзя», свободное «можно» для него — что нож острый.

«Литературная газета» 18. 11. 87.

Задание: ответьте на вопросы:

1. *С какой просьбой пришли в исполком работники государственного фотоателье?*
2. *Чем объясняются высокие заработки кооператоров?*
3. *Кому выгодно запретительство?*

Text 9: СОВЕТСКИЕ АКЦИОНЕРЫ

Колхозник-акционер — это, согласитесь, звучит не очень привычно. И тем не менее факт налицо.

«Мне десять тысяч!» — заявил, придя утром в правление колхоза «Путь к коммунизму» Фёдоровского района Кустанайской области В. Руденко. Он стал первым обладателем ценных бумаг единственного пока в Казахстане сельского акционерного общества...

Для чего колхозникам понадобилось становиться акционерами, вкладывать свои деньги в колхозную казну? Может быть, всё происходит в слабом хозяйстве, которому без такой помощи не встать на ноги?

Нет, «Путь к коммунизму» — вовсе не слабое и тем более не убыточное хозяйство. Напротив, даже в трудном прошлом году этот колхоз получил прибыль.

Тогда какую цель преследует создание акционерного общества? Получить дополнительную выгоду?

Попробуем разобраться. Если колхоз берёт ссуду в банке, то платит за пользование ею немалые проценты. Эти деньги по процентам как бы уходят на сторону. А если одолжить деньги не в банке, а у своих же колхозников? Ведь они хранят на сберкнижках более 6 миллионов рублей. Какая разница человеку, где хранить деньги — в сбербанке или в виде акций, купленных у хозяйства? Тем более что сбербанк выплачивает два-три процента годовых, а хозяйство — три процента и больше. Причём эти деньги остаются у своих же людей. То есть, колхоз берёт взаймы уже не у государства, а у колхозников. Средства акционеров пойдут на самые различные, в том числе и социальные нужды. Сейчас на деньги, внесённые акционерами, строится несколько одноквартирных домов.

Членом акционерного общества может стать любой колхозник. Но его заявление будет обязательно рассмотрено советом общества, который решает вопрос о приёме. Максимальная сумма, на которую выдаются акции, — десять тысяч рублей. У держателей акций есть немалые права: они могут контролировать производственную деятельность колхоза, давать поручения и рекомендации правлению. Но и обязанности есть тоже: акционеру нельзя нарушать трудовую дисциплину, отработать в году надо 250 дней.

Остаётся добавить: акций выпущено в хозяйстве на два миллиона рублей. Раскуплено несколько десятков тысяч. Пока немного. Но в данном случае, как нам кажется, важно не количество. Колхоз «Путь к коммунизму» стал рядом с такими хозяйствами, как агрофирма «Адажи» в Латвийской ССР, подмосковным «Щапово» — первыми в нашей стране акционерами. Уже немало держателей акций и в промышленности — в этом году мы сообщали о Николаево-Львовском комбинате строительных конструкций — предприятии преуспевающем, об акционерном обществе Львовского объединения «Конвейер».

Эти примеры говорят о том, как вовлекаются в оборот, активнее начинают работать, приносить пользу немалые деньги. Оказывается, их можно не просто потратить на нужды своего предприятия, но и при этом сделать человека хозяином, совладельцем затеянного дела, болеющим за своё производство не меньше, чем за личное подворье.

То есть, пробудить у крестьянина или рабочего тот самый интерес, который, собственно говоря, и есть суть экономики.

«Известия» 21.9.88.   В. КОВАЛЕВСКИЙ

Задание: ответьте на вопросы:

1. *Каким хозяйством является колхоз «Путь к коммунизму»?*

2. *Почему колхознику выгодно хранить деньги в виде акций?*
3. *Как стать акционером?*
4. *Какие права и обязанности у держателя акций?*
5. *Сколько акций выпущено и сколько их раскуплено?*
6. *Какова истинная цель создания акционерных обществ?*

Notes: колхозная казна — collective farm coffers; сбербанк — savings bank; выплачивать два-три процента годовых — to pay between 2 - 3 % annual interest; совладелец затеянного дела — joint owner of a new business undertaking; личное подворье — collective farmer's private plot, buildings and animals.

Text 10: ГЛАСНО О ТАЙНАХ КОММЕРЦИИ

Наша внешняя торговля не соответствует тому экономическому, производственному и научно-техническому потенциалу, которым страна располагает. Судите сами, мы даём пятую часть мировой промышленной продукции — вторая индустриальная держава мира! — а по внешнеторговому обороту наша доля в объёме мировой торговли всего четыре с половиной процента.

Машины и оборудование составляют 15 процентов советского экспорта, а вот сырьё — две трети, в том числе половину — топливо: нефть, газ, уголь.

В импорте же, наоборот, ведущее место занимают машины и оборудование — 40,7 процента в 1986 году. Большая доля — продовольственные товары и сырьё для их производства (свыше 20 процентов), промышленные изделия народного потребления.

Есть много причин того, что экспорт ни по объёму, ни по ассортименту нас не удовлетворяет. Остановлюсь лишь на двух. Первая — отрыв промышленных отраслей от внешнего рынка. Всё делалось через узкое горлышко Министерства внешней торговли. Сам производитель не ведал конъюнктуры рынка, его тенденций, слабо представлял себе мировой уровень современных товаров, требования к их качеству. Вторая — незаинтересованность предприятий в экспорте. Директор, начальник цеха знали — ничего, кроме дополнительных сложностей, экспортная продукция не даст: надбавки к цене мизерны.

Как вы знаете, 19 августа прошлого года Центральный Комитет партии и правительство приняли постановления «О мерах по совершенствованию управления внешнеэкономическими связями» и «О мерах по совершенствованию управления экономическим и научно-техническим сотрудничеством с социалистическими странами». Двадцать одно министерство и семьдесят пять крупных объединений и предприятий получили право непосредственного выхода на внешний рынок. При этом половина вырученной за экспорт валюты – или сорок процентов, или тридцать, нормативы установлены по отраслям, – остаётся у продавца. И вы можете купить на эти деньги то, что вам нужно для развития производства, модернизации, реконструкции. Значит, вы заинтересованы увеличить экспорт! Для этого стараетесь держать руку на пульсе мирового рынка, совершенствовать свою продукцию, сделать её конкурентоспособной.

Кто получил право выхода на внешний рынок? По какому принципу отбирали предприятия? В первую очередь предоставили внешнеторговую самостоятельность машиностроителям, изготовителям станков, автомобилей, тракторов, приборов... Надеюсь, понятно, почему: машиностроение имеет особое значение для подъёма всей экономики, надо стимулировать его ускоренное развитие раньше других.

Во внешнеэкономической деятельности надо переходить от примитивного «купи-продай» к более современным, более развитым формам международного экономического сотрудничества – прямым связям, совместным предприятиям, международным объединениям.

Создание совместных предприятий в производственной сфере – для нас дело новое. Мы подробно изучили опыт в капиталистических и социалистических странах. За рубежом поначалу не все одинаково отнеслись к нашей идее. Одних она сразу привлекла, другие проявляли скепсис: как это в системе централизованного планирования будут работать совместные предприятия? Мы объяснили: на принципах полной хозяйственной самостоятельности, хозрасчёта, самоокупаемости и самофинансирования. Государство в их деятельность не вмешивается, ничего им не планирует и не даёт, в том числе валюту. Однако содействует их становлению: ввозимое оборудование освобождается от уплаты таможенной пошлины, прибыль первые два года не облагается налогом. Надо сказать, ледок недоверия быстро тает, и мы уже имеем более двухсот пятидесяти предложений фирм Финляндии, ФРГ, Франции, Австрии, Италии, США, Японии...

Не пугает ли их лишняя конкуренция? Мы покупали у них за валюту, а теперь сами будем продавать те же изделия? Во-первых, не сами, а вместе с ними. И делить прибыль соответственно доле каждого в общем имуществе. А второе соображение следующее. Наши партнёры хотят получить свою часть прибыли в валюте? Шанс один: заработать на международном рынке. Ну и, не скрою, выход туда важен для нас: чтобы не отстать, идти вровень с уровнем мировой техники.

«Литературная газета» 8. 7. 87.   В. КАМЕНЦЕВ

Задание: ответьте на вопросы:

1. *Что автор статьи говорит об экспорте и импорте во внешней торговле СССР?*
2. *Какое право получил производитель в результате правительственных решений?*
3. *Почему теперь он заинтересован в экспорте?*
4. *Как будут действовать совместные предприятия в системе централизованного планирования?*

Notes: конъюнктура рынка — state of the market; конкурентоспособная продукция — product capable of competing on the international market; совместное предприятие — joint venture; хозрасчёт — economic, profit-and-loss accounting; самоокупаемость — cost-effectiveness; самофинансирование — self-financing, funding one's own investment.

Text 11: ФРАНЦУЗСКИЙ КОСТЮМ С РУССКИМ АКЦЕНТОМ

Штаб-квартира крупнейшей французской фирмы мужской одежды «Вестра-юнион» находится в маленьком эльзасском городке Бишвиллер, километрах в 20 от Страсбурга. «Вестра» ежегодно изготовляет 1,6 миллиона брюк и один миллион пиджаков, сотни тысяч пальто, спортивную одежду... Фирма выпускает костюмы по лицензиям ряда ведущих французских модельеров — Пьера Кардена, Тэда Лапидуса.

— На протяжении многих лет мы поставляем в Советский Союз костюмы нашей фирмы, — рассказывает мне генеральный директор фирмы Андре Заэранжер. — Сотрудничеству с вашей страной мы придаём большое значение и считаем его взаимовыгодным.

Около месяца назад Андре Заэранжер вернулся из Киева, где он участвовал в открытии швейной фабрики, которая была построена «Вестрой» «под ключ».

– Эта фирма оборудована новейшей техникой. Она будет выпускать 300 тысяч костюмов в год. Советские швеи и мастера имеют самую высокую квалификацию и быстро освоили новую технику.

– Означает ли это, что костюмы киевской фабрики будут не хуже тех, что шьют во Франции?

– Нет, не означает, – ответил после некоторой паузы Жерар Бауэр, один из директоров «Вестры», который непосредственно занимался этим проектом. – Более того, на Западе она не смогла бы продать ни одного костюма. Мне трудно об этом говорить, ибо я ни в коей мере не хочу обидеть советских коллег, но таково, на мой взгляд, истинное положение дел. Каковы причины? Прежде всего – материя. Она хорошего и даже отличного качества, но необычайно невыразительных, тусклых тонов. Другая проблема заключается в фурнитуре для костюмов: подкладка, плечики, молнии, пуговицы. Она может «убить» самый отличный костюм. Наконец, нитки. Их практически нельзя использовать на поставленных нами машинах – они всё время рвутся. Кроме того, их качество таково, что в готовых изделиях они дают «усадку», что, естественно, портит внешний вид костюма. Порой случаются и перебои в подаче электроэнергии. Всё это ведёт к затяжным простоям, из-за которых швеи теряют навыки. Это всё равно, что купить первоклассный автомобиль, истратив на него огромную сумму, а потом либо не пользоваться им, либо заправлять таким бензином, на котором он плохо работает.

«Известия» 4. 7. 87.

Задание: ответьте на вопросы:

1. Каковы контакты фирмы «Вестра» с СССР?

2. Что недавно закончено в Киеве?

3. Почему киевская фирма не сможет продавать свою продукцию на Западе?

4. С чем Жерар Бауэр сравнивает киевский проект?

Notes: построен «под ключ» – built ready to operate.

Chapter Four

CHANGING SOCIETY

Section A: MEN AND WOMEN
Text 1: МУЖЧИНЫ И ЖЕНЩИНЫ

В любом человеческом обществе существует разделение труда между мужчинами и женщинами. Социальные нормы, определяющие, чем именно должны или не должны заниматься мужчины и женщины, называются социально половыми ролями. Для краткости - просто половыми ролями. Существуют также социально-психологические стереотипы маскулинности и фемининности.

Однако нормы полового разделения труда не универсальны. Этнографические данные показывают, что многое зависит и от биологии, и от культуры, от исторических условий. В СССР, например, более половины врачей - женщины, тогда как в США врачебная профессия остаётся в основном монополией мужчин. Ясно, что это объясняется не особенностями психологии советских и американских женщин, а различиями социальных условий.

Половое разделение труда потеряло ныне былую жёсткость и нормативность, заметно уменьшилось количество исключительно мужских и исключительно женских занятий. Да и сами идеалы маскулинности и фемининности сегодня как никогда противоречивы.

Идеал «вечной женственности» XIX века был довольно прост: женщина должна быть нежной, красивой, мягкой, ласковой, но в то же время - пассивной и зависимой. Она должна позволить мужчине чувствовать себя по отношению к ней сильным, энергичным и преуспевающим. Конечно, эти женские качества и сегодня ценятся высоко. Однако теперь в женском сознании появились новые черты. Чтобы стать с мужчиной на равных, женщина должна быть ещё и умной, и энергичной, и предприимчивой, то есть обладать свойствами, которые раньше считались монополией мужчин. Иметь дело с такой женщиной мужчине гораздо интереснее, но и труднее.

Изменился и стереотип маскулинности. Раньше на первый план выдвигались физическая сила, отсутствие нежности, несдержанность в выражении гнева, страсти. Современная же маскулинность ставит интеллект выше физической силы, допускает, даже более того, требует проявления нежности, душевной тонкости, обуздания грубых чувств и порывов.

Иными стали и брачно-семейные отношения. Современная городская семья часто малодетная, состоит из супружеской пары и одного-двух детей: так называемая нуклеарная семья. Изменилась и ролевая структура семьи: функции мужа и жены стали как бы более симметричны. Повысился авторитет и влияние женщины-матери, изменились представления о главе семьи, ослабли авторитарные методы воспитания.

«Неделя» № 15, 1988 г.   Игорь КОН

Задание а): ответьте на вопросы:

1. Как изменилось половое разделение труда?

2. Что происходит с идеалом «вечной женственности»?

3. Что изменилось в женском сознании?

4. А каким стал сам современный мужчина?

5. Какие изменения произошли в семье?

Задание б): обсудите тему: «Новые стереотипы маскулинности и фемининности».

Text 2: КАКИЕ МЫ, ЖЕНЩИНЫ?

Посмотрим, куда продвинулась представительница «слабого пола», кроме районных президиумов, городских активов, форумов мира, демонстрационных залов одежды, сферы обслуживания? Откажемся на время от рапортов по случаю 8-го марта, справедливо отмечающих заслуги женщин в Отечественную войну, на производстве.

Выяснится, что славная «продолжательница рода» отобрала у мужчин множество никак ей не свойственных «привилегий». Она носит брюки, курит, порой нецензурно выражается. У нашей женщины, увы, появились свои вытрезвители, она бросает на произвол судьбы только что рождённого ребёнка. Ещё вчера проблемой общества была защита женщины, оставленной с детьми «бегуном от алиментов», - сегодня в полную силу звучат голоса мужчин, требующих защиты от женской агрессивности. Появилась довольно значительная категория молодых женщин, не желающих вступать в брак, чтобы обслуживать потребности мужчины. Она воспринимает своих любимых лишь как партнёров для продолжения рода.

Откуда взялась подобная психология?

Что мы знаем о женщине? Об её образе мышления, поведения, боли, даже состоянии здоровья?

... И вот думая о перегрузках, начинаешь задаваться непростым вопросом: не обладает ли наша женщина порой избытком прав? Нужны ли нам, женщинам, сегодня некоторые из них? И не пора ли поменять одни права на другие?

Главная проблема сегодня в том, чтобы произвести качественное перераспределение доли женского вклада в советское общество. Ведь когда мы видим женщин, разгребающих ледяные сугробы, кладущих лопатой асфальт, который раскатывает мужчина, сидящий в машине, ремонтирующих железнодорожные пути, разгружающих платформы с мешками картошки, - это же национальный позор!

Только теперь у нас обратили внимание на всё убыстряющиеся темпы детской смертности по вине матерей, девичьего курения, раннего женского алкоголизма. Врачи полагают, что причины всего этого не столько медицинские, сколько социального происхождения. Основная - характер женского труда, взаимоотношения в семье, перегрузки.

Думаю, перераспределение профессий идёт в обе стороны: женщину потянули в тяжёлый мужской труд, а многие мужчины в то же самое время осваивают исконно женские профессии - они шьют, причёсывают, работают косметологами, обслуживают в кафе.

А если научно проанализировать сильные стороны женской природы? Её психику, физиологию, способ мышления?

Допустим, такая область, как международная журналистика или дипломатия. Где они - сегодняшние Коллонтай или Рейснер? Не видим мы почему-то привлекательных женских лиц на международных пресс-конференциях, которые теперь столь часты на телевидении, ни среди ведущих программу, ни даже среди корреспондентов, задающих вопросы. Как правило, отсутствуют на международной арене наши писательницы: на конгрессах, форумах, симпозиумах, встречах за «круглым столом», посвящённых творческим проблемам, их голосов не слышно. Откуда же узнать миру о мышлении наших женщин, образе их жизни, их культуре?

А если просто поднять престиж женщины? Доверять ей, поощрять, привлечь к обсуждению важных проблем самого высокого свойства и достоинства? Хотелось бы чётко сформулировать предложение: сократить рабочий день женщине, как только она завела семью, посчитав рабочими часами хотя бы часть домашнего труда.

Сегодня мужчина диктует. Так проявите же, мужчины, свою волю, стремление постичь истину, задумайтесь всерьёз: какие мы, женщины?

«Литературная газета» 5.8.87.   Зоя БОГУСЛАВСКАЯ

Задание: ответьте на вопросы:

1. *О каких негативных явлениях среди женщин говорится в начале статьи?*
2. *Как они отражаются на детях?*
3. *Как современная женщина воспринимает брак?*
4. *Как изменилось распределение мужских и женских профессий?*
5. *Где автор статьи хотела бы видеть «привлекательные женские лица»?*
6. *Как она предлагает облегчить жизнь женщине в связи с рождением ребёнка?*

Notes: районные президиумы — the top table, the presidium, at meetings at district level; городские активы — party and other activists at city level; 8-е марта — International Women's Day, a public holiday in the USSR; вытрезвитель — sobering-up station; Александра Коллонтай (1872-1952) — prominent Bolshevik, career diplomat and feminist; Лариса Рейснер (1895-1926) — writer; both women were active in the Russian revolutionary movement.

Text 3:   РАЗГОВОР 9 МАРТА

Почему, собственно. 9-го? Потому что оно неминуемо наступает вслед за Восьмым. Итак, будем считать, что с женским днём нас уже поздравили, цветы подарили, администрация и профком объявили благодарность, дома муж и дети убрали квартиру, вручили подарок... В очередной раз он прошёл, этот день, единственный в году, когда улыбками, комплиментами, цветами нам стараются напоминать, кто мы есть, а мы, как бы вспомнив, смущённо улыбаемся в ответ. Грустно... Потому что прошёл, потому что один — и будут 9-е, 10-е, 11-е, совсем непохожие на него...

Давно миновала эпоха, когда наши бабушки яростно доказывали, что способна женщина и к токарному станку встать, и за руль автомобиля сесть, и штурвал самолёта удержать. Миновала, наконец, и пора снисходительного умиления — надо же, женщина, а академик, женщина, а директор! Мы привыкли к внушительным цифрам, отражающим вклад женщин в народное хозяйство, образование, культуру... Но не слишком ли рано мы рискнули остановиться на мысли: если борьба — то там, в прошлом, или там, «у них»?

Но до сих пор как-то неловко от одного воспоминания. В небольшой, до отказа набитой аудитории летом прошлого года шла одна из дискуссий Всемирного конгресса женщин. И до сих пор так и слышится возмущённый голос нашей западногерманской коллеги. После выступлений представительниц Советского Союза она попросила слова и задала свой простенький вопрос:

— Вы так много говорите о совмещении женщиной труда и материнства. А что и с чем совмещает у вас мужчина?

Пауза, минутная растерянность в «наших рядах». И она продолжала:

— Нет, вы не боретесь за равноправие! На работе, не спорю, вы многого достигли. А в быту? Стремитесь облегчить материнство, когда речь давно идёт о равной ответственности родителей. Почему с больным ребёнком у вас сидит обычно мать, почему отпуск по уходу за ребёнком до полутора лет — только для женщины, а отец взять его не может? Почему у вас женщина готовит обеды в будни и выходные?

Вот так...

«Работница», № 3, 1988 г.   И. ЖУРАВСКАЯ

Задание а): ответьте на вопросы:

1. *В чём отличие женского дня от других дней года?*
2. *Какие достижения в борьбе за равноправие перечисляет И. Журавская?*
3. *Что думает о таком равноправии женщина из Западной Германии?*

Задание б): что, по вашему мнению, лучше — полное равноправие, разделение всех забот поровну между мужем и женой, или введение льгот для женщин?

Notes: Восьмое марта — International Women's Day, a public holiday in the USSR; профком — trade union committee; там, «у них» — i. e. in Western, capitalist countries; льготы для женщин — i. e. paid maternity leave, extended holiday provision, etc; гибкий график — flexi-time; неполный рабочий день — part-time work.

Text 4: ЖЕНЩИНА ВЫБИРАЕТ

Если принять за аксиому положение о том, что перестройка должна коснуться всех сфер жизни и деятельности советских людей, то она должна коснуться и семьи – важной «ячейки общества».

С семьёй у нас в стране давно неблагополучно. Я не хочу быть теоретиком в этих вопросах, я хочу выразить лишь свои собственные, личные размышления и догадки. Как ни парадоксально это прозвучит, но корни древа семейных неурядиц уходят, по-моему, в эмансипацию женщины.

Эмансипация – значит освобождение. Освобождение от зависимости, подчинённости, угнетения. Зависимости от чего? От какого рабства требовалось освободить женщину? Ответ нашла у Ленина: «Втянуть женщину в общественно-производительный труд, вырвать её из «домашнего рабства», освободить её от подчинения – отупляющего и принижающего – вечной и исключительной обстановки кухни, детской – вот главная задача».

Эта идея была прогрессивной и необходимой не только в двадцатые годы, но и много позже.

Политика «переориентации» женщины с кухни на производство вершила свой процесс практически до восьмидесятых годов. Численность женщин-специалистов с высшим и средним специальным образованием, занятых в народном хозяйстве, шагала вверх семимильными шагами.

К 1985 году по сравнению с 1940 эта цифра приумножилась в 23 раза! Но к тому времени были и другие «говорящие» цифры. Количество разводов возросло в 10 раз, рождаемость упала в три раза.

Мы не заметили, как, перешагнув «золотую середину», эмансипация стала своей противоположностью: «закабалила» женщину в другой сфере – производственной, лишила женщину права выбора, кем быть: идеальной матерью и хозяйкой или идеальной деловой женщиной.

Ни один «среднестатистический» муж не способен на свою зарплату хотя бы кормить жену и троих, желанных демографией, детей. Даже матери-героини вынуждены в большинстве своём работать, чтобы заработать пенсию.

Про неработающую женщину у нас говорят: «сидит дома», т. е. в глазах общественного мнения она практически синоним бездельницы.

Женщина должна иметь не на словах, а экономически подкреплённое право выбора. Она должна сама решать, что предпочесть: семью, работу — или и то и другое.

Труд матери стоит оплачивать в соответствии с числом воспитываемых ею детей. Только такое финансовое равноправие женщины-матери и женщины-работницы даст желаемый результат, истинную свободу выбора.

Экономисты подсчитали, что гораздо выгоднее оплачивать матери 35 рублей в месяц до тех пор, пока ребёнок не пойдёт в школу, чем строить детские сады и оплачивать матерям больничные листы по уходу за часто болеющим ребёнком.

Давайте будем до конца справедливы: почему труд воспитательницы, нянечки, посудомойки в саду оплачивается, а труд совмещающей все эти виды работы в одну, труд матери — нет?

«Комсомольская правда» 21.5.88.   Н. БОЯРКИНА

Задание: ответьте на вопросы:

1. В чём автор видит причины проблем семьи?

2. Как понимал эмансипацию женщин В. И. Ленин?

3. К чему привело осуществление этой идеи?

4. Что заставляет женщину работать?

5. Какое право, по мнению Н. Бояркиной, должна иметь женщина?

6. Как она предлагает обеспечить это право?

Notes: отупляющий — deadening, mind-numbing; закабалить — to enslave; мать-героиня — honorary title of a woman with ten or more children; больничный лист — sick-leave certificate; нянечка, няня — nursery school teacher's helper.

Text 5: БРАК ВДОГОНКУ

На языке демографии это называется «браком, стимулированным беременностью невесты».

Браки беременных невест, редкие несколько десятилетий назад, становятся всё более частыми, во многих местах даже обычными.

Несколько лет назад в миллионном уральском городе Перми под руководством демографа Марка Тольца в течение года был проведён учёт всех беременных, ранее не рожавших женщин. А затем проследили исходы этих беременностей.

Оказалось, что на каждую тысячу забеременевших пришлось: абортов — 272; рождений вне брака (матери-одиночки) — 140; рождений в первые месяцы брака — 271; рождений через девять и более месяцев после заключения брака — 317.

Это обследование показало, что поведение молодых женщин в любовно-брачно-семейной сфере жизни коренным образом изменилось по сравнению с тем, что было всего несколько десятилетий назад. Теперь почти все молодые женщины в больших городах ведут добрачную половую жизнь, в то время как раньше правилом было вступление в первый брак девственницей. Изменилось не только фактическое поведение, но и половая мораль. Двойная мораль сменяется единой. Раньше она была строгой для женщин и либеральной для мужчин, теперь она становится всё более свободной для всех, то есть женщины усваивают мужскую модель сексуального поведения.

Молодая семья стала конфликтной, непрочной и малодетной. В 1986 году в стране было зарегистрировано 943 тысячи разводов, или 347 на тысячу заключённых в том же году браков. Во многих крупнейших наших городах число разводов превышает половину от числа браков в том же году. Чемпион тут — приморский город Одесса, где в 1984 году на каждую тысячу браков пришлось 592 развода.

Какое отношение ко всему этому имеют браки, стимулируемые беременностью невесты?

К сожалению, именно семьи, созданные браками вдогонку, особенно конфликтны и непрочны. Часто молодой муж полагает, что его завлекли и «поймали». Ни о каком браке он не думал, не считая себя готовым к семейной жизни, собирался ещё какое-то время «погулять», прежде чем связывать себя семейными узами. Но будущий ребёнок, общественное мнение, совесть, «как честный человек»... Понятно, что всё это не способствует ладу в начинающей семье. Начинаются взаимные неудовольствия, нелады, обостряются конфликты, и дело заканчивается разводом. Разводы — явление сугубо молодёжное, касающееся главным образом начинающих семей. Две трети всех разводов падает на семьи, существовавшие менее пяти лет.

Уверен, что подавляющее большинство невест, забеременевших до брака, не хотели этого, как, кстати, и большинство матерей-одиночек. Их беременность — следствие низкой культуры сексуальной жизни. Сейчас в подавляющем большинстве развитых стран нежеланных беременностей почти не бывает. Мы же устраняем нежеланные рождения главным образом посредством абортов, ежегодное число которых в стране в несколько раз больше числа родов. Это варварство. Считаю, что нужно иметь хорошие и доступные предохранительные средства, хорошую информацию о них, умение ими пользоваться.

Насколько я понимаю, всё это достижимо. Возможно, главное препятствие на этом пути — широко распространённое ханжество в кругах тех, кто должен принимать практические решения по этим вопросам, а также известные культурные традиции общества, согласно которым сексуальная жизнь как бы секретна, а обсуждение её проблем как бы и неприлично.

«Неделя» № 34, 1987 г.   Виктор ПЕРЕВЕДЕНЦЕВ

Задание а): ответьте на вопросы:

1. *Как изменилось сексуальное поведение женщин по сравнению с тем, что было раньше?*
2. *Почему семья, созданная браками вдогонку, особенно конфликтна?*
3. *Какой выход из создавшегося положения предлагает В. Переведенцев?*

Задание б): обсудите тему: «Мужчины и женщины и правила сексуального поведения».

Notes: брак вдогонку — shot-gun marriage; мать-одиночка — unmarried mother.

Section B: YOUNG PEOPLE
Text 1: НЕСКОРЫЙ СУД

«Больше всего меня изумляет нелепая уверенность солидных дядь и тёть, что без их советов, нравоучений, примеров из собственного невесёлого опыта молодые люди не справятся со своими проблемами.

А не кажется ли вам, граждане взрослые, что давно уже пора помолчать? Молодёжь они, видите ли, собираются воспитывать в духе перестройки! Да не дай бог, чтобы вы её воспитывали! Чему вы можете научить? Под вашим влиянием наше поколение выродится в таких же бюрократов, консерваторов, трусов.

Чему вы можете научить? Посмотрите на себя и лучше подумайте, как вы стали такими, какие вы есть. Это вам надо перестраиваться, вам! Вот и перестраивайтесь, а нас оставьте в покое. Без вас нам лучше.

У меня такое мнение: старшее поколение, ничего не понимая в жизни молодых, пытается всё-таки переделать его на свой лад, который сейчас никому не нужен. А как же тогда быть с прогрессом, которого все сейчас пытаются добиться? Вкусы, интересы, взгляды молодых обусловлены ритмами времени, его содержанием. Вот что нужно признать...

Хуже всего - быть похожими на вас».

...письмо я показывал не одному человеку. Были среди них «отцы», были и «дети».

«Отцы» в большинстве своём воспринимали письмо с обидой. «Дети» пожимали плечами, со значением усмехались, но находили в письме «много правды». Как выразился один из них: «Может про всех взрослых так не скажешь, но если брать их как класс...»

Сегодня надо серьёзно думать о том, что нас разъединяет с молодыми, и искать то, что связывает. Каждое поколение развивается в своих социально-исторических условиях, каждое привносит в жизнь что-то своё. Например, молодёжь всегда стремится отличаться от старших в моде, музыкальных привязанностях, способе проводить свободное время, в манерах поведения, в жаргоне. Нам нужна привычка гласности, чтобы отец мог быть откровенен с сыном, а учитель с учеником, открыто говорить о жизни, говорить правду.

«Неделя» № 31, 1987 г.   Игорь СЕРКОВ

Задание а): *ответьте на вопросы:*

1. *Какое чувство вызывают у молодых людей попытки «отцов» помочь им справиться с их проблемами?*
2. *Почему, по мнению молодых, «отцы» не должны их воспитывать?*
3. *Какой подход к проблеме «отцов» и «детей» рекомендует Игорь Серков?*

Задание б): *обсудите тему: «Пропасть между поколениями».*

Notes: дяди и тёти — ironic reference by the young to members of the older generation.

Text 2: ОСТРОВА И ЛАБИРИНТЫ

Из беседы с кинорежиссёром фильма «Легко ли быть молодым?» Юрисом Подниексом.

Когда на молодых давят с силой, а они чувствуют, что их — тысяч пятнадцать, таких, то они ищут свои формы защиты. И, хотя, я не очень хорошо знаю, что представляют собой некоторые неформальные группы молодёжи, думается, что в любом случае отношение к ним должно быть более чётким. С одной стороны хорошо, что у нас появился интерес к ним. Но за этим интересом мы можем забыть основную проблему: отчего это возникло? почему? Мы чего-то не сумели, в чём-то солгали?

В нас царит определённый снобизм взрослого человека: мы, мол, более значительны, чем они, и их идеи нам не нужны, неинтересны... Это одно. А во-вторых... Вот плохо говорить — «обезьяничают». Но посмотрите на детский сад! Можно сразу определить, у кого какие родители: во всём буквально — в общении, в словечках, в конфликте... Мы сами всё в них закладываем. И если у нас не будет веры, то откуда ей взяться у наших детей? Вот и блуждают, ищут: кто выходит на Кришну, кто на Будду...

— И в чём сегодня, по вашему мнению, особенности разрыва между «отцами» и «детьми»?

Если раньше молодые провозглашали какие-то идеи, которые отцы не принимали, то нынче непонимание начинается намного раньше. Но опять же: передаются по наследству уже искажённые нравственные ценностные критерии. Плюс общая недоговорённость: не говорим о многих сложных исторических ситуациях и явлениях действительности... Для чего сейчас, по-моему, нужна гласность? Не только для того, чтобы кого-то раскритиковать. Для того ещё, чтобы мы стали гражданами и патриотами. Если я чувствую, что меня обманывают, слышу на уроках одно, а в жизни вижу другое — я не могу стать патриотом, это мне мешает... А мы долго, очень долго, не договаривали, лишая молодёжь исторического сознания.

Вольно или невольно мы воспитали у молодёжи комплекс неполноценности. Мы не позволяем им ошибаться, не даём пройти ту естественную ситуацию, когда человек выбирает что-то, пробует, убеждается, что он неправ... Мы не позволяем даже пытаться.

Я не снимаю ответственности с молодых людей, которые говорят: «Мы подождём, пока вы изменитесь... Пусть взрослые перестроятся, потом и мы».

Да, сначала должны измениться мы сами. Должны найти своё «Покаяние». Действительно, каждый отвечает за свою судьбу сам. Но! Мы как общество заинтересованы, чтобы не надломить, не потерять их... И этот фильм нужен не только и не столько молодым. Хотя и им — тоже. Важно, чтобы молодые, отождествляя себя с теми, кто на экране, поняли всю ответственность за собственное будущее.

«Неделя» № 13, 1987 г.

Задание: ответьте на вопросы:

1. *Каково отношение Подниекса к неформальным группам молодёжи?*
2. *Какие два недостатка взрослых называет Подниекс?*
3. *Что мешает «детям» стать гражданами и патриотами?*
4. *Почему у молодёжи появился комплекс неполноценности?*

Notes: «Легко ли быть молодым?» — Latvian documentary based on frank interviews with young people (1987); «Покаяние» — "Repentance", film by the Georgian director Tenghiz Abuladze, made in 1984, released in 1987, noted for its allegorical treatment of the Stalinist terror, it came to symbolise for many people the mood of perestroika in the cinema.

Text 3: ПОЛУНОЧНИКИ

(i) «Нас - 25 человек. Нам по 16-18 лет. Скажу прямо: мы «швейники». Не знаем, как у вас в Москве, а у нас лёгкая промышленность работает ужасно. Все магазины завалены, а даже смотреть на эту «одежду» не хочется.

Что делать? Появилась мода на крашеные вещи. Между прочим, очень выгодная ведь в материальном отношении. Берёшь самую дешёвую ткань и красишь различными пятнами. Сначала всех взрослых просто шокировал наш вид. Потом привыкли. Сейчас полгорода ходят в таких шмотках. Их даже продают спекулянты. Красят 3-рублёвые маечки и продают за 15 р. Неплохо, правда?» (Саня и ещё 24 человека, Ташкент.)

(ii) «Сначала у нас была склонность к советской рок-музыке, археологии, истории, потом появилась цель: борьба за ядерное разоружение и за экологическую чистоту городов, агитация против чуждых влияний в культуре и музыке.

Пришло время назвать себя. Мы - «Россы» и гордимся своим именем. Сейчас мы насчитываем десять человек и ещё около пятидесяти сочувствующих - кандидатов в «Россы». Некоторые ещё колеблются, в основном это - «рокеры» и «панки», другие не могут сразу бросить курить: у нас в уставе сказано: «Росс не курит, не принимает наркотики, а также токсичные вещества...»

Нам нужна помощь. Литературу по Древней Руси ещё не везде найдёшь...» (А. Монахов, и десять человек от 19 до 25 лет.)

(iii) « «Комсомольскую правду» приветствует «Арийская лига»!

Не подумайте, мы не фашисты, наше название проистекает из нашей любимой группы «Ария». Мы - лига металлистов, каких немало. Своей целью ставим пропаганду «хэви метал», делаем мы это весьма обычно: расписываем стены, подъезды, заборы, транспорт, расклеиваем листовки. Большинству из нас по 16 лет. Нас волнуют политические проблемы. Что нам нужно? Дело, которому можно посвятить себя, как-то проверить свои качества в деле (не имею в виду драку). Те «дела», которые предложили вы, неприемлемы. Некоторые - из-за мелкости и глупости, некоторые - например, реставрация - невозможны. У нас в Уфе нечего реставрировать, да и не даст никто...» (Уфа.)

(iv) «О нас: «Ассенизатор» - общество по борьбе с нечистотами города (фарцовщики, проститутки, наркоманы). Мне 15 лет. Я ответственный за фотоинформацию. У нас архив, картотека и т. д. Как в МВД.» (А. Стенко, Брест.)

(v) «...Я не считаю нужным одеваться, как папуас. И всё же основные идеи этих течений мне близки... На наши тусовки стремится попасть всё больше «начитанных» (т. е. сильно правильных) ребят. А почему? Просто нам надоело, что везде взрослые стараются впихать тебе в башку свои жизненные ценности. А с ценностями, прямо скажем, небогато. Вот простой пример: «Учителя можешь не любить, но уважать обязан!!!» А, например, в моей бывшей школе был учитель, который пил и мог загнуть прямо в «храме наук» на уроке матом. Почему я должна уважать лжеца и грубияна? Потому, что он на кафедре, а я за партой?» (Таис, Кустанайская область.)

«Комсомольская правда» 16. 8. 87.

Задание: скажите, в какой из «компаний», представленных авторами данных писем, самые симпатичные / несимпатичные вам молодые люди?

Notes: полуночники — reference to the tendency for youth gangs to gather and operate at night; «швейники», «Россы», «рокеры», «панки», «металлисты» — names of youth gangs; шмотки — slang for clothes; маечка, майка — T-shirt; токсичные вещества — solvents, as in solvent abuse; фарцовщик — slang for black-marketeer; МВД — Министерство внутренних дел — Ministry of Internal Affairs; тусовка — slang for a get-together; впихать тебе в башку — to drum into you; загнуть матом — to use foul language; грубиян — rude person, boor

Text 4: УЧЁНЫЙ ИДЁТ К «НЕФОРМАЛАМ»

Из беседы с Е. Г. Левановым, кандидатом философских наук.

— Изучать неформалов вы начали, насколько мне известно, лишь в 1985 году. Что, до той поры не было неформалов?

— Неформальные, или, как мы их называем, самодеятельные объединения существуют десятки лет. Причина в другом. Не поступало, мягко говоря, социального заказа. В 1985 году началась перестройка и ситуация изменилась. Сначала мы провели исследование в Ростове и в Херсоне. Тогда опросили свыше тысячи человек. Весной этого года наш отдел работал в Москве, Ленинграде, Ростове-на-Дону и в Ставрополе. А также, для сравнения, в столице Азербайджана и Каунасе.

— Сколько молодёжи в этот раз участвовало в опросах?

— Более полутора тысяч.

— Есть что сопоставить?

— Есть. Количество неформалов выросло в два раза.

— Кто эти люди?

— Они называют себя панками, хиппи, хайлайфистами, наци, люберами.

— И кого больше среди них?

— Учащихся профтехучилищ.

— Возраст?

— Более пятидесяти процентов — до 17 лет. Более трети — до двадцати лет.

— А чем фактически заняты неформалы?

— Увы, хоть и немало пишет об этом пресса, — восстановление памятников истории и культуры — 0,3 процента. Чуть больше среди опрошенных радеет об охране общественного порядка. В движении за сохранение национальной самобытности и охрану природы участвуют соответственно 3,5 и 3,1 процента. Техническое творчество — 4,2. Движение за здоровую семью — 5,3. Обсуждают вопросы политики 9,7. Занимаются спортом и физкультурой 9,1.

— Чем они сегодня живут? Что их волнует? Что они обсуждают?

— Проблемы самые разные: качество молодёжных товаров (66), развитие молодёжной музыки (63,7), проблемы войны и мира (61,6).

— Ну, а участие в перестройке?

— Восемнадцать процентов неформалов, по их мнению, уже участвуют в перестройке. Более 46 — хотят участвовать. Всего одна четверть отношения к перестройке ещё не определила. Чуть ли не половина самодеятельных групп считает: успешное завершение перестройки поможет решить основные молодёжные проблемы.

— Считается, что самодеятельные группы так или иначе формируются вокруг лидера...

— Нет, присутствие лидера, как мы выяснили, необязательно.

— А кто они вообще? Какие качества выдвигают их на первые роли?

— Чаще всего лидерами оказываются мужчины. Примерно две трети — беспартийные. Четверть — комсомольцы. Около семи процентов коммунистов. Качества? Компетентность. Инициативность. Демократичность. Смелость в суждениях. Сильная воля.

— А в чём корень проблемы? Почему появились неформальные объединения?

— Таких корней вообще-то несколько. Самые серьёзные, глубокие — застойные явления, обюрокрачивание общественной жизни, возникновение зазоров между социальными группами. Дети журналистов шли на журфак, артистов — в театральный вуз, дипломатов — в МГИМО... Есть причины и более общего порядка: урбанизация. А она влечёт за собой отчуждение.

«Комсомольская правда» 11. 12. 87.

Задание: ответьте на вопросы:

1. О каком исследовании рассказывает учёный?

2. Каков возраст большинства неформалов?

3. Чем они фактически заняты?

4. Какие проблемы их волнуют?

5. Как они относятся к перестройке?

6. Кто чаще всего становится лидером группы?

7. Каковы корни появления самодеятельных молодёжных объединений?

Notes: неформалы — members of various grass-roots movements and organisations; панки, хиппи, хайлайфисты, наци, люберы — names of youth gangs; some taken from the English words punk, hippy, high life, nazi, others, like lyubery, from the name of the Moscow suburb of Lyubertsy; профтехучилище — профессионально-техническое училище — vocational school; радеть — to be concerned about; застойные явления — phenomena of the 'period of stagnation' (the Brezhnev years); зазоры между социальными группами — social divisions; МГИМО — Московский государственный институт международных отношений — Moscow State Institute for International Affairs.

Text 5: «НОМЕНКЛАТУРНЫЕ» ДЕТИ

Нам надо в главном разобраться: воспроизводство административно-командной системы немыслимо без протекционизма. А протекционизм немыслим без «номенклатурных» детей. Для чиновника, конечно, хорош любой послушный и слепо выполняющий приказы подчинённый. Но если он «чужак», бог его знает, что от него можно ждать в дальнейшем. Вдруг в нём проснётся чувство собственного достоинства? Гораздо удобнее, когда в «свой круг» вливается кто-то из отпрысков, «номенклатурных» с детства. Этот - свой! И его надо лелеять.

Местным престижным вузом является медицинский. Факт не научный, но общепризнанный: здесь самое большое количество так или сяк влиятельных родителей на одну студенческую душу. Но вот выпускной вечер позади и мы сталкиваемся с фактами: только считанные души молодых специалистов «хорошего происхождения» выезжают врачевать жителей отдалённых деревень. Впрочем, так же, как и нести знания сельским детям из педагогического института, и даже - решать сахарную проблему после сельскохозяйственного. А начальнику отдела облвоенкомата А. И. Ивченко постоянно приходится решать проблему призыва «сыновей» в ряды Вооружённых Сил.

- За последние два года, - рассказывает Ивченко, - многое сделано, чтобы исключить распределение призывников «по знакомству», то есть в такие части, где условия службы полегче, чем в других.

Я понимала, что специальной статистики, дети чьих родителей направлены в Афганистан или, допустим, на флот, нет, но поинтересовалась: может, всплывёт в памяти пример, чтобы именно там служили сыновья крупных областных или районных начальников? И в райвоенкомате спрашивала. Не всплыл пример. Самый высокий уровень, который отыскали, - начальник строительного участка и председатель колхоза.

«Комсомольская правда» 26. 5. 88.   Т. БЕЛАЯ

Задание: ответьте на вопросы:

1. *На чём держится административно-командная система?*
2. *Почему бюрократы предпочитают подчинённых из «своего круга»?*
3. *В каких вузах учатся дети влиятельных родителей?*

4. Что наблюдается после окончания ими этих вузов?

5. Какие примеры искала Т. Белая в военкоматах?

Notes: номенклатурный, from номенклатура — lists of all the top posts in the administration and economy and of suitable candidates to fill them, the privileged élite of the Soviet Union; административно-командная система — system of management of the economy based not on economic imperatives but on political directives from above; считанные души — very few; решать сахарную проблему — reference to sugar shortages arising from a sharp rise in home distilling of vodka; облвоенкомат, райвоенкомат — областной военный комиссариат, районный военный комиссариат — military registration and conscription office at oblast and raion level.

Text 6: «ЛЕГКО ЛИ БЫТЬ МОЛОДЫМ?»

Этот вопрос стоит сегодня очень остро, злободневно, он волнует многих людей — и молодых, и старших. Свою точку зрения на него высказывают в письме в «Правду» известные, уважаемые в народе писатели.

«Документальному фильму «Легко ли быть молодым?» на недавнем фестивале в Тбилиси присуждён главный приз. Многие органы печати неудержимо хвалят и фильм, и его создателей.

За что?

Может быть, за иллюзию предельной искренности (мы бы сказали даже — обнажённости)? Искренность эта, судя по фильму, присуща только юным, но отнюдь не людям среднего и старшего возраста.

Заигрывание с молодёжью, обращение к её «особым» интересам, правам не новы. Но надо сказать, что это заигрывание, как правило, оборачивается против молодёжи. Да и фильм «Легко ли быть молодым?» даёт наглядное тому свидетельство. Разве не об этом говорит, к примеру, тот факт, что милые наши мальчики и девочки, не испытывая никакого угрызения совести, до предела возбуждённые роком (так показано в фильме), разгромили электропоезд?

Почему? Судя по всему, по той причине, что мы не дали им достойное занятие, работу, разумные развлечения, не научили полезно использовать свободное время. Как надобно, не учили их нужному и полезному обществу делу.

Удивительная вещь: в иерархии детских и юношеских ценностей ныне, к сожалению, на одном из первых мест стоят развлечения и вещи.

Что же касается труда, и не в последней очередь труда физического, которым призваны заниматься молодые, то он отодвинут куда-то на второй план. Отодвинут не без помощи отцов и матерей, не говоря уже о бабушках и дедушках. Мы, «предки», как нас называют ныне юные, хорошо и трудно поработали и работаем. Так пусть же наши дети и внуки отдохнут, рассуждают иные из нас. От чего, спрашивается, отдохнут? От труда. Но ведь без труда человек перестаёт быть человеком.

Нам думается, что отсутствие у многих молодых стремления к труду вообще и к физическому в особенности грозит последствиями непоправимыми. В детстве и юности физический труд во многом формирует человека, будит самосознание, уважение к себе.

У родителей и у учителей появились в последние десятилетия могучие соперники влияния на детей. Это — специализированные и молодёжные газеты, кино, радио, телевидение, эстрадно-концертная деятельность, организаторы всевозможных развлекательных мероприятий.

Ежедневно на нашу молодёжь обрушивается мощная эмоционально-«художественная» информация. И в первую очередь кино- и телевизионная. Особенно опасно, на наш взгляд, отношение некоторых наших средств информации к музыке вообще и эстрадной в частности.

Рок-музыка... Музыка ли? Психический и нравственный вред явления доказан многими социологами, врачами, искусствоведами в Канаде, Японии, Франции, в других странах. Советский читатель этих научных работ не знает, а наши компетентные медики молчат. Пропаганда антикультуры и пошлости обнаруживает себя порой как невинное кокетство с модой, заигрывание с определённой частью молодёжи.

Конечно, вряд ли можно слепо следовать примеру тех стран, где уже введены либо вводятся государственные ограничения на музыку, обладающую наркотическим свойством калечить беззащитное сознание подростков. Но нельзя и молчать, когда идёт активное утверждение рока и, что самое печальное, оно прикрывается желаниями и потребностями молодёжи. Подобные разглагольствования, льстивые слова об особой, так называемой молодёжной культуре, пропитаны демагогией. Молодым нужны высокие нравственные идеалы, нужны подлинные, а не мнимые ценности. Им нужны такие герои книг, кинофильмов, картин, такие музыкальные произведения, к которым юноши и девушки тянулись бы мыслью и сердцем. Они ждут этого от нас, деятелей культуры. И мы обязаны это сделать!»

    Юрий БОНДАРЕВ, Василий БЕЛОВ, Валентин РАСПУТИН

«Правда» 9. 11. 87.

Задание: ответьте на вопросы:

1. *В чём авторы письма не согласны с общепринятой оценкой фильма «Легко ли быть молодым?»?*
2. *Что они говорят о ценностях молодёжи?*
3. *Почему писатели так высоко ценят труд?*
4. *Чем, по их мнению, опасна рок-музыка?*
5. *В чём они видят свою миссию?*

Notes: «Легко ли быть молодым?» — Latvian documentary based on frank interviews with young people, directed by Juris Podnieks, 1987; заигрывание с молодёжью — flirtation with the young; пошлость — shallowness, banality; калечить — to warp, corrupt; разглагольствования — high-faluting talk; Юрий Бондарев (b. 1924) — author of war novels, acclaimed during the Brezhnev years; Василий Белов (b. 1932) — author of works about country life and the Russian national character; Валентин Распутин (b. 1937) — author of novels about the Russian countryside.

Text 7: ТАЛАНТЫ И ЧИНОВНИКИ

    В начале нынешнего года ведущий музыкальной программы «Русской службы» Би-би-си Всеволод Борисович Левинштейн, более известный как Сёва Новгородцев, предложил организовать в нашей стране новое молодёжное объединение под названием НОРИС (независимый объединённый рок-информационный синдикат). Цель — обмен информацией, записями, защита авторских прав рок-исполнителей.

    ... В адрес «Комсомольской правды» пришло письмо из Орла. О чём же пекутся орловские меломаны? О доступности музыкальной информации, о возможности видеть и слышать наиболее заметных рок-исполнителей - как наших, так и зарубежных. А в конечном итоге - о своём праве вырабатывать собственное суждение о рок-музыке.

У нас вместо глубокого анализа по-прежнему в ходу категорическое отрицание. Отношение к року чиновников от культуры и идеологии - «Не пущать на порог!», возведённое в ранг официальной политики, целое поколение музыкантов загнало в подвалы.

Времена меняются, а вот серьёзных сдвигов до обидного мало. Да, пробились наконец на престижные концертные площадки и в студии группы, чьё упоминание не так давно действовало на всевозможные художественные советы, как красная тряпка на быка («Аквариум», »ДДТ», «Кино», «АВИА», «Машина времени»). Да, хоть и робко, но стали гостить на наших сценах зарубежные исполнители, задававшие тон лет десять назад в серьёзных хит-парадах (Элтон Джон, «Юрай Хип» и другие). Да, чаще стала радовать меломанов наша «Мелодия». Но этого мало.

Сегодня музыка - неотъемлемая часть жизни молодёжи, если хотите, её среда обитания. Шире стал спектр музыкальных увлечений: вновь входят в моду у молодых фольклор, симфоническая, духовная музыка. Но, бесспорно, огромное место занимает рок. Для молодых это не только увлечение. Это форма познания мира и способ высказаться о нём. В рок-музыке, как в зеркале, уже многие годы отражаются беды и надежды молодого поколения.

Но достаточно купить недельную программу «Говорит и показывает Москва» и убедиться: до 80 процентов объёма музыкального вещания приходится на фольклор, классику и двадцать на... эстраду вообще. О роке же говорить не приходится.

Сегодня имеет свою самодеятельную газету ленинградский рок-клуб, московская рок-лаборатория издаёт свой журнал... Помимо информации, эти издания публикуют интересные аналитические статьи, очень критично относятся к творчеству как признанных, так и начинающих коллективов. Но... всё это очень локально, кустарно.

Но времена-то меняются? Гром гремит - пора!

«Комсомольская правда» 23.11.88.   Ю. ФИЛИНОВ

Задание: ответьте на вопросы:

1. Что такое НОРИС?
2. Чем похожи цели НОРИСа на мысли молодых любителей рок-музыки в СССР?
3. Какое отношение к року долго являлось официальной политикой в СССР?
4. Что здесь изменилось за последнее время?
5. В чём можно убедиться, купив программу передач радио и телевидения?
6. Что публикуют издания о рок-музыке, которые упоминаются в статье?

Notes: о чём пекутся — what are they concerned about; меломан — music-lover; чиновники от культуры и идеологии — insensitive, narrow-minded officials in charge of culture and ideology; возведённое в ранг — elevated to the status of; художественный совет — artistic council, which passes judgement on the work of artists, musicians etc, in effect, censorship; среда обитания — environment, milieu; эстрада — light music; рок-лаборатория — voluntary organisation bringing bands together to perform, record and promote modern music; кустарный — non-professional.

Section C: SOCIAL MALADIES
Text 1: СПИД

(1) Наше время — время открытий. Точно Америку, открываем самих себя. Недавно вот открыли общественное явление, о котором ещё год назад язык не повернулся бы сказать. Хотя, разумеется, все годы, пока мы о нём не говорили, оно, как многое другое, великолепно существовало. Ибо неназываемое ещё не исчезает с лица земли от неназывания. Я имею в виду проституцию.

Почти одновременно слуха достигло другое — общемировое — открытие: СПИД.

Проститутки и их партнёры составляют «группу повышенного риска». К этой группе относятся также гомосексуалисты, наркоманы, больные гемофилией, те, кому постоянно требуется переливание крови.

...Пошли обходить злачные места. Валютный бар. ...Мирдза Александровна Ковнер (фамилии, имена мной изменены), родом из Прибалтики, тридцать два года.

— Вы знаете об опасности СПИДа?

— Знаю. Я всё знаю. Против этого есть одно прекрасное лекарство — «спи-один».

...Коротенко Ангелина Ивановна, по прозвищу Гелла. 1944 года рождения. Я спрашиваю Геллу, слышала ли она про СПИД. Она на секунду задумывается и вдруг радостно восклицает:

— Так ведь это же болезнь «голубых»!

— Да нет, не только «голубых».

Показываю Гелле переводы зарубежных статей, где говорится о масштабах и ужасах эпидемии. Читает внимательно, но реакция неожиданная:

— Ну, знаете, у них там полная распущенность, притоны...

Забавно слышать это от профессиональной проститутки. Великолепно действует наша пропаганда.

Притоны у нас тоже есть. И распущенности хоть отбавляй.

— Так что учтите, — говорю я Гелле на прощание, — плохие времена для вас наступают.

— Очень плохие, — соглашается она. — И откуда только взялся этот несчастный СПИД! Так было всё спокойно.

Когда эти заметки были уже подготовлены к печати, пришло известие, что Указом Президиума Верховного Совета РСФСР введена статья об административной ответственности за проституцию. Отныне это занятие будет караться предупреждением или штрафом до ста рублей, а повторно в течение года — до двухсот рублей.

Подобные статьи вводятся и в других республиках.

Насколько устрашающе это наказание? Недавно одна проститутка прислала в редакцию письмо, где доказывала, что государству гораздо выгоднее легализовать проституток и обложить их налогом. При этом уверяла, что они готовы отдавать от 30 до 40 процентов заработка. Для «элиты», — имеющей дело с иностранцами, — это 20-40 долларов с клиента, или, соответственно, 80-160 рублей (по «курсу» чёрного рынка). Как видим, «деловые дамы» добровольно готовы идти на несравненно большие финансовые жертвы, нежели предусмотренные новой статьёй.

Всё же какая-то юридическая основа для борьбы с проституцией отныне существует (её ведь вовсе не было). Станет ли эта борьба эффективной? Поживём — увидим.

«Литературная газета» 22.7.87.   Олег МОРОЗ

(11) «Хватит давать дурацкие советы! Не вступать в случайные половые связи, хранить супружескую верность... Но у нас, 14-16-летних, такие связи и могут быть только случайными, — мы ещё в школе учимся, — отказаться от такого удовольствия мы не в силах.

Хранить супружескую верность... Вот я только подумала об этом, а меня уже затошнило. Да лучше умереть от СПИДа! Ведь жизнь одна, и проходит она быстро, поэтому прожить её нужно красиво и интересно, особенно молодые годы.

Да так ли он и опасен, этот СПИД? Может, нас просто запугивают им? В таком случае, это дешёвенький приёмчик, и мы на него не клюнем.»

«Комсомольская правда» 28.10.87.   Оля, 15 лет.

Задание: ответьте на вопросы:

1. Какое отношение к проституции было распространено до перестройки и как оно изменилось?
2. Как отвечали женщины на вопрос о СПИДе?
3. Какие меры против проституции предусмотрены недавно принятым законом?
4. Что предлагала проститутка, которая прислала письмо в газету?
5. А как относятся к опасности СПИДа Оля и её подружки?

Notes: СПИД — синдром приобретённого иммунодефицита — AIDS; злачное место — den of iniquity; «голубой» — gay, homosexual; притон — den, dive, brothel; дешёвенький приёмчик — a cheap trick; мы на него не клюнем — we won't buy it.

Text 2: УЧИТЬСЯ ДРУГ У ДРУГА

В той или иной степени проблема наркомании существует в каждой стране. Можно говорить лишь о степени распространённости этого зла, о средствах и методах борьбы с ним. Что касается социалистических стран, то их внутренние проблемы в этой области во многом сходны между собой. Именно поэтому и собрались в Ташкенте под эгидой и по инициативе МВД СССР милиционеры-специалисты по борьбе с наркотиками из Болгарии, Венгрии, Польши, Чехословакии и Советского Союза. Такая деловая встреча проводилась впервые.

К счастью, соцстранам пока ещё далеко до того уровня наркомании, которым поражён Запад. Но каждая из стран идёт по ставшему в общем-то типичным пути. В Чехословакии и Болгарии отмечаются в основном случаи токсикомании — начального способа наркотического одурманивания. В Советском Союзе преимущественно распространено употребление растительных наркотиков. Это — следующий этап. А вот Венгрия и Польша в силу природных условий через эту ступеньку перепрыгнули, и борьба здесь идёт против «тяжёлых» химических наркотиков.

В нашей стране наркомании долгие годы как бы не существовало. А когда, наконец, общество осознало социальные последствия распространения болезни, то в ход было немедленно пущено первое наше «средство лечения» любого социального недуга — милиция.

О нынешнем положении дел в области борьбы с наркоманией в СССР участников совещания подробно информировал руководитель советской делегации, начальник Главного управления уголовного розыска МВД СССР генерал-лейтенант милиции В. Панкин.

— Советские законы предусматривают уголовную ответственность за изготовление и сбыт наркотиков.

Сейчас у нас преобладают наркотики растительного происхождения. Число потребителей гашиша, опия, соломы мака составляет более 80 процентов от всех стоящих на учёте. И это не случайно. В прошлом году были подсчитаны размеры полей дикорастущей конопли. Оказалось, что она занимает площадь в 1 миллион 800 тысяч гектаров.

Основные районы распространения конопли — Казахстан и Киргизия (знаменитая Чуйская долина — полтора миллиона гектаров), Дальний Восток, Северный Кавказ... В ряде мест создаются специальные бригады по выявлению и ликвидации дикой конопли.

В 1987 году было выявлено около четырёх тысяч незаконных посевов мака. Это значит, что в оборот не попало наркотиков примерно на 150 миллионов рублей по ценам «чёрного рынка». Всего органами милиции изымается 30-40 тонн наркотиков и сырья ежегодно (цена порядка 250 миллионов рублей). И это при том, что численность специалистов по борьбе с наркотиками в органах милиции всего 900 человек. В той же Чуйской долине — два штатных работника отдела по борьбе с наркотиками. Остальные — помощники из других служб.

В последние годы увеличился рост лекарственной наркомании. Из различных химических реагентов довольно доступными способами изготавливаются наркотики. Основные источники их поступления — аптеки, лечебные учреждения, предприятия, где изготавливаются медицинские препараты.

Сегодня зарегистрировано более 130 тысяч людей, хоть раз попробовавших наркотик. 51 тысяча из них больна наркоманией. Особое беспокойство вызывает то, что две трети потребителей — молодёжь.

В серьёзную проблему переросла и токсикомания. 22 тысячи человек употребляют токсические вещества. 13 тысяч из них несовершеннолетние. Объясняется это тем, что токсические препараты значительно доступнее, чем алкоголь. Одними милицейскими методами эту проблему не решить.

...Одним из ценнейших результатов ташкентского совещания стала выработка всеми участниками единого подхода к оценке наркомании как социального явления.

— Употребление наркотиков, — отметил в своём выступлении руководитель болгарской делегации Христо Боянов Величков, — объясняется в большой степени расстройством взаимоотношений личности с социальной средой. Наркомания представляет собой специфическое явление, возникшее в определённых социальных условиях.

Эту точку зрения поддержал начальник управления уголовного розыска МВД УзССР В. Гордиенко.

— Предпосылками роста числа наркоманов, — сказал он, — являются социальные процессы, конфликты. В научном плане они не изучены. А не зная причин явления, мы не можем с ним эффективно бороться.

Раньше борьба велась не с самой проблемой, а только с её внешними проявлениями. Получилось, что официальная линия борьбы с наркоманией чисто карательными мерами привела к обратному результату — к быстрому распространению наркомании среди молодёжи, формированию организованных преступных групп и устойчивых каналов транспортировки наркотиков...

Другим практическим результатом ташкентского совещания стало сопоставление полученных в разных странах данных о составе «групп риска».

По данным болгарских исследователей, употребление наркотиков для подавления социально-психических стрессов характерно прежде всего для лиц с низким уровнем общей культуры.

В СССР каждый второй наркоман — рабочий или служащий, каждый десятый — учащийся. Причиной начала употребления наркотиков в подавляющем большинстве случаев — 75,3 процента — стало любопытство или подражание.

«Известия» 27.6.88. Е. ШЕСТИНСКИЙ, А. КУВШИННИКОВ

Задание а): ответьте на вопросы:

1. Какие наркотики наиболее распространены в СССР?
2. Что незаконно в СССР: употребление, продажа или изготовление наркотиков?
3. Сколько в стране наркоманов?

4. Какой процент составляет молодёжь?

5. Что говорили на встрече о токсикомании?

6. Каковы причины начала употребления наркотиков?

Задание б): обсудите тему: «Насколько эффективна борьба с наркоманией чисто карательными мерами?»

Notes: под егидой — under the aegis of, sponsored by; токсикомания — solvent abuse; наркотическое одурманивание — drug-taking.

Text 3: СПРОС РОЖДАЕТ... «БИЗНЕСМЕНА»?

Здесь не было ни рекламы, ни ярких плакатов, ни даже скромного объявления. Невзрачный одноэтажный домишко за деревянным заборчиком ничем не выделялся на тихой улочке. Но адрес его хорошо был известен многим. И к этому домику тянулись по утрам стайки мальчишек и девчонок. Останавливались у калитки, сбрасывали «председателю» деньги и по тропинке направлялись к крыльцу.

Дверь открывал невысокий, лысеющий мужчина и запускал компанию в тусклый коридорчик.

— Никого не встретили?

— Всё тихо, — отвечал «председатель».

— Давай.

И рука с помятыми купюрами исчезала в кармане.

Они проходили в комнату, рассаживались у экрана японского телевизора. Хозяин с лихим прищёлком загонял кассету в приставку и нажимал кнопку...

Не буду пересказывать содержание демонстрируемых здесь фильмов. Содержания как такового во многих из них попросту не было, все кадры заполняла порнография тела и духа. Были, правда, здесь и обычные детективы, и развлекательные программы с участием эстрадных «звёзд». Но «порнушка» была фирменным блюдом этого тихого домика.

— Кстати, не всё нам и нравилось, — капризно заметил один из постоянных клиентов.

Ему 19. Зовут Гена. Импортная куртка, клетчатые «бананы», причёска «взрыв на макаронной фабрике». Работает электриком. Мы познакомились на суде, где Гена проходил свидетелем по уголовному делу о нелегальной видеотеке. Не всё, что говорилось на суде о её владельце Виталии Быченко, он безоговорочно принимал. Далеко не всё.

— А что здесь преступного? — доказывал он мне. — Ну ходили, смотрели «видик», и что? Там ведь не только секс и ужасы были, а и Челентано, Майкл Джексон. А сексуальные страсти меня, между прочим, не волновали. Я покурить выходил, когда это начиналось.

— Но ведь на другой день приходил снова?

— Приходил. Потому что хоть и не всё здесь устраивало, а было веселее, чем в «сарае».

«Сарай» — на местном диалекте это танцевальный павильон «Современник» в парке культуры и отдыха имени Фрунзе. Почему «сарай», никто не знает. Но дело, в общем-то, не в названии. Для нас интересно другое: здесь, в «сарае», заведовал радиоузлом Быченко, тот самый предприимчивый бизнесмен от видео, которому пришла в голову идея домашнего кинотеатра.

Сначала он честно работал на благо посетителей парка культуры и отдыха. Сложная аппаратура для дискотеки благодаря Быченко была всегда налажена и отремонтирована. Когда ремонтировать и совершенствовать здесь ему уже было нечего, Быченко отправился к директору и предложил: «Давайте поставим в зале видеоаппаратуру. Молодёжь сюда потянется». «Великолепная идея!» — воскликнул директор. И вскоре в соответствующие инстанции отправились необходимые бумаги.

Но время шло, а видеоаппаратура в «Современнике» не появлялась. И тогда Быченко нашёл нужных людей, выложил им свои кровные 8,5 тысячи и получил с доставкой на дом японский телевизор с видеоприставкой. Через несколько дней состоялся и первый видеосеанс.

«Комсомольская правда» 3.4.87.   А. САВИНОВ

Задание: ответьте на вопросы:

1. Что устраивал в своём доме Быченко?

2. Как оценивает его деятельность Гена?

3. Почему, по мнению А. Савинова, появилась видеотека Быченко?

Notes: стайки — little groups; купюры — banknotes; с лихим прищёлком загонял кассету — popped in the cassette with panache: «бананы» – baggy trousers; Челентано – Italian pop-star; соответствующие инстанции – the relevant (government) bodies.

Text 4: ЭТОТ БЕСПОКОЙНЫЙ АРБАТ...

Очередной брифинг, состоявшийся 28 октября на Петровке 38, в ГУВД Мосгорисполкома, поднял среди других тем, касающихся правопорядка в городе, и тему Арбата.

Журналистам был представлен начальник 5-го отделения милиции Юрий Николаевич Стажарин. Он и познакомил их с ситуацией на Арбате, находящемся в ведении этого отделения.

По милицейскому барометру, на этой уникальной улице сейчас пасмурно: в октябре за мелкое хулиганство на Арбате в отделение было доставлено 26 человек, пьяных – 173, распивавших спиртное в неположенном месте – 32. Заметим, что после превращения улицы в пешеходную зону неизмеримо возрос поток людей, приходящих сюда. В будни днём – до 10-15 тысяч человек, вечером – 20-25 тысяч, в выходные и праздники – 60 тысяч и больше. Но есть и другие цифры: за восемь месяцев этого года за различные административные правонарушения на Арбате было задержано 3.000 (!) человек (80 процентов – до 30 лет). Есть и преступления – их за октябрь совершено пять. Например, 20 октября по адресу Арбат, 55, был задержан гражданин Чугунов, без определённого места жительства... При нём оказалось 15,7 грамма наркотического вещества. Возбуждено уголовное дело. В тот же день, на той же улице (дом No 5) произошёл грабёж. Задержано трое иногородних жителей Рязанской области, которые приехали на Арбат проветриться и «по пути» сняли с человека куртку. Идёт следствие...

Журналистам сказали, что даже вечерняя улица Горького и то не приносит столько хлопот, сколько нынешний Арбат. Практически каждый день работникам милиции приходится подходить к ребятам, облюбовавшим вентиляторную вытяжку у кафе «Арба». Мол, нельзя здесь сидеть, вентиляция всё-таки проходит. Те в ответ: где демократия?

А исполнители песен? Порой в их куплетах – бранные припевки. «Бардам» невдомёк, что Арбат – не просто «зал» для их песен, а место, где живут 2,5 тысячи человек, которым бывает не очень уютно, когда у них под окнами поют и танцуют... От них идут в милицию звонки, жалобы, коллективные заявления.

Увы, Арбат притягивает к себе любителей острых ощущений, желающих себя показать... Здесь, по свидетельству милиционеров, свободно можно «познакомиться»: то, что не выявлено пока ни одной проститутки, ещё не значит, утверждает милиция, что их на Арбате нет.

«Известия» 30. 10. 87.   В. КОРНЕЕВ

Задание: ответьте на вопросы:

1. *Что произошло на Арбате, когда улицу превратили в пешеходную зону?*
2. *Какие правонарушения характерны для Арбата?*
3. *За что был задержан Чугунов?*
4. *Почему привлекают внимание милиции ребята у кафе «Арба»?*
5. *Чем недовольны люди, которые живут на Арбате?*

Notes: ГУВД — city police headquarters; административное правонарушение — violation of law and order, covers a wide variety of offences punishable by fines or detention, e. g. breach of the peace, traffic offences, customs regulations, etc.

Text 5: СТРАННИКИ

Казалось, Вильнюс с утра перевели на осадное положение. На перекрёстках – патрульные машины, на улицах – усиленные наряды милиции. Город словно боялся предстоящего матча между «Жальгирисом» и ЦСКА. Впрочем, всех волновал не сам поединок, а приезд в столицу Литвы фанатичных болельщиков из Москвы.

Рассказывает заместитель начальника отдела УВД Вильнюса Р. Блейзгис:

– Основная масса фанатов из Москвы приехала рано утром. Высыпали из вагонов с шумом, но, увидев, что поклонников «Жальгириса» на вокзале не оказалось, успокоились. Однако с вокзала не уходили. Ждали прибытия других поездов, рисовали себе на щеках красной краской звёзды. Наконец построились на привокзальной площади в колонну, развернули флаги, транспаранты и двинулись в город.

Отмечу: днём ребята вели себя вполне прилично. Если уж очень сильно начинали скандировать, то по просьбе наших сотрудников затихали. Так мы провели их до стадиона. Купив билеты на матч, болельщики разбрелись по городу. Вот тут настала сложная пора.

Майор милиции не сгущает краски. Многие москвичи действительно вели себя по-хулигански. Особенно те, кто поспешил в пивбары и винные магазины. «Отдохнув» таким образом, болельщики вновь вышли на улицу и стали приставать к прохожим, кричать, материться.

За час до матча неспокойно стало у касс стадиона. Тишину разрезали звуки труб и крики: толпа в триста человек сметала на пути зазевавшихся прохожих. «Фанаты» избивали людей и маршировали дальше. При входе в Южную трибуну болельщиков досматривали.

Слово — начальнику отдела охраны общественного порядка УВД Вильнюса полковнику милиции В. Райнису:

— Чтобы избежать столкновений, поместили болельщиков ЦСКА и «Жальгириса» в противоположные секторы. Перед игрой я подошёл к гостям, хотел поговорить с ними. Но меня никто не слушал. Вели себя вызывающе: оскорбляли работников милиции, выкрикивали шовинистические лозунги. Литовские болельщики не оставались в долгу — в ответ скандировали подобные же. Вскоре в секторе приезжих болельщиков возникла драка.

Во втором тайме москвичи вели себя более спокойно, удручали, наверное, пропущенные армейцами мячи. Да к тому же одного из «фанатов» увела с трибуны приехавшая из Москвы мать. Но приутихли они ненадолго: явно что-то затевали, свернули знамёна, потихоньку спускаясь на нижние скамейки. Когда же вильнюсцы забили третий мяч в ворота ЦСКА, рванулись на футбольное поле. К такому повороту событий были готовы и поэтому моментально среагировали: курсанты военного училища встали навстречу разъярённой толпе и сумели её остановить.

«Бело-зелёные», несмотря на просьбу не устраивать шествие по городу, всё же пошли к вокзалу. На перроне подрались с группой «армейцев». Итог драки — задержаны пять вильнюсцев, шесть москвичей и один рижанин. Все — несовершеннолетние.

Из трёхсот приезжих, по сведениям транспортной милиции, лишь две трети купили билеты. У остальных не было денег.

Зачем приезжали «фанаты»? Один из них цинично заявил: «Нам наплевать на футбол. Пусть футболисты сами за себя переживают. Они за это деньги получают. Нам главное - отдохнуть, побузить!».

Я беседовал со многими сотрудниками МВД. Они утверждают: для наведения порядка им необходимо больше прав. И действительно, сложилась парадоксальная ситуация: даже штраф за хулиганство невозможно наложить, потому что нет свидетельских показаний. А рапорты милиционеров не имеют реальной силы.

Очевидно, необходимо создавать «Клубы любителей футбола» во всех городах, где есть футбольные команды. Или, может быть, организовать через БММТ «Спутник» поездки болельщиков в другие города - с питанием, экскурсиями, встречами. Ведь именно так, организованно, приезжают в нашу страну вместе с командой болельщики из-за рубежа.

До отправления поезда, в котором отбывали восвояси «фанаты», оставалось минут десять. Железнодорожный вокзал был оцеплён. Поезд, к которому специально прицепили для гостей два вагона, стоял на дальнем, девятом пути. Когда я туда подошёл, все пассажиры заняли свои места, лишь у тех, первых двух, - толпа. Среди гостей вновь вспыхнула драка. Раздался гудок, лязгнула сцепка, поезд тронулся. Локомотив почти исчез в темноте, вдруг наперерез ему бросились фигурки. Они повисли на поручнях, кто-то рванул стоп-кран, и вагоны замерли. Подбежавшие работники милиции не стали ссаживать подростков, а подтолкнули вовнутрь, пусть уезжают...

«Комсомольская правда» 5. 11. 87.   В. ЗАРОВСКИЙ

Задание а): ответьте на вопросы:

1. *Как готовилась вильнюсская милиция к приезду в город болельщиков футбольной команды Центрального спортивного клуба Армии?*
2. *Что происходило утром на вокзале?*
3. *Когда и почему для милиции «настала сложная пора»?*
4. *Что попытался сделать перед игрой полковник милиции В. Райнис?*

5. Когда болельщики ЦСКА рванулись на футбольное поле?

6. Что произошло, когда «бело-зелёные» — болельщики «Жальгириса» пошли к вокзалу?

7. Как уехали домой те, у кого не было денег на билеты?

Задание б): представьте себе, что вы — один из московских болельщиков, и расскажите о своей поездке в Вильнюс.

Notes: «Жальгирис» — sports association in Lithuania; ЦСКА — Центральный спортивный клуб Армии — Central Army Sports Club in Moscow; УВД — Управление внутренних дел — police department; транспарант — placard, banner; скандировать — to chant; сгущать краски — to exaggerate; материться — to use foul language; шовинистические лозунги — nationalist slogans; побузить — to have a good time; БММТ «Спутник» — Бюро международного молодёжного туризма — Bureau for International Youth Travel, a Soviet travel firm; стоп-кран — emergency brake.

Text 6: СТРАСТИ ПО БАХУСУ

...Огромные очереди у дверей магазинов... Это битва, битва за водкой — жуткая и безумная. Безобразную картину эту, к сожалению, можно встретить во многих наших городах и сёлах. И происходит это на глазах у всех нас. Брань, ругань в подобной хмельной толчее в порядке вещей.

Как же так? После принятия антиалкогольного постановления в борьбу с «зелёным змием» включились все средства массовой информации. Повырубали виноградники, создали Всесоюзное добровольное общество борьбы за трезвость, позакрывали винные лавки, штрафуем, привлекаем к уголовной ответственности самогонщиков, ведём активную лекционную пропаганду, выпускаем бичующие пьянство плакаты, строго наказываем любителей хмельного зелья, проводим «на сухую» мероприятия, а очереди за водкой не уменьшаются.

Да, количество продажи спиртного резко снизилось, «упали» показатели преступности, меньше стало дорожно-транспортных происшествий по вине хмельных водителей, налицо и многие другие явные плюсы всеобщих усилий. Но потому и явные, что убрались пьяницы именно с лица наших городов. Но пить-то не перестали!

Может, всё же борьба с алкоголизмом это не борьба с водкой, а борьба с невежеством людским, да и административным тоже? Чем больше дичают люди, тем больше они пьют — это уже аксиома времени. Мы же в большинстве своём, к сожалению, боремся с пьянством так, что порождаем ещё большее невежество. Запрет никогда не решал проблему. Заветный плод, чем строже запрещён, тем больше сладок.

Что же дальше? Так и будет стоять новое поколение в хмельных очередях?

Так и будет, если огромной значимости дело мы во многом и дальше будем проводить в жизнь старыми способами: прекратить, закрыть, сократить.

«Комсомольская правда» 9. 2. 88.   Г. САПРОНОВ

Задание а): ответьте на вопросы:

1. *Как выглядят очереди у дверей винных магазинов?*
2. *Какие меры принимались против пьянства?*
3. *О каких плюсах борьбы с пьянством говорит Г. Сапронов?*
4. *Чем он объясняет неэффективность антиалкогольной кампании?*

Задание б): обсудите тему: «Как нужно бороться с пьянством?»

Notes: Бахус — Bacchus, Roman god of wine; хмельная толчея — scrum for booze; антиалкогольное постановление — Party resolution on measures to curb alcohol abuse adopted in May 1985; «зелёный змий» — the demon drink, drunkenness; самогонщик — person who distills illicit alcohol — самогон; хмельное зелье — intoxicating substances, drink; «на сухую» — "dry", without any alcohol being served; люди дичают — people become alienated.

Chapter Five

EDUCATION

Text 1: ПАРАДОКСЫ РАСТРАТНОЙ ПЕДАГОГИКИ

...Совершим небольшой экскурс в историю нашей системы образования. В послереволюционные, яростные, озорные и безоглядные годы школа кипела, бурлила, испытывала самые непривычные и рискованные формы обучения и самоуправления. Демократизм её порой докатывался до лохматой анархии. Школа заражала своих воспитанников верой во всемогущество Человека, и его право и обязанность «весь мир насилья разрушить». Правда, и воспитатели, и их подопечные слабо себе представляли, чем, кроме насилия, можно одолеть «мировое зло». Оттого нередко сбрасывали с корабля современности добрые традиции и общечеловеческие ценности, достояния культуры прошлого.

В 20-е годы школа формировалась как единая трудовая политехническая самоуправляющаяся. Если бы развивались и совершенствовались эти установки, выросли бы поколения трудолюбивых, инициативных, разносторонне образованных, граждански зрелых людей. Если бы, если бы...

Разруха и нищета низводили все благие намерения до уровня забот о хлебе для учительства, о дровах для школ, о бумаге, карандашах.

В этих условиях главными учебными заведениями стали рабфаки и ФЗУ. Первые впоследствии превратились в своего рода «инкубаторы» для нового руководящего состава промышленности и хозяйства взамен уничтожаемых или отстранённых старых специалистов и интеллигенции ленинской ориентации. Обучение было политизировано и утилизировано до предела. Начальная и средняя школа, по сути, ориентировалась на подготовку детей к рабфаку и ФЗУ.

Из стен учебных заведений постепенно выветривается дух дискуссий, творчества. Человек из высшей цели социальных преобразований превращается в средство, в «винтик» государственного механизма. А «винтику» ни к чему самостоятельность мысли. В 1936 году особым постановлением было разгромлено направление, требовавшее при обучении и воспитании учитывать наследственные свойства индивида и характер условий жизни ребёнка.

Предвоенная школа во многом была ориентирована на выпуск энтузиастов — исполнителей руководящих указаний, которые при этом нередко искренне верили, что любое такое указание продиктовано высшими интересами государства. Этой светоносной и одновременно ослепляющей верой оно и отмечено — поколение, выигравшее войну, вынесшее на своих плечах нечеловеческие тяготы восстановительного периода. Но не эта ли вера сыграла с некоторыми злую шутку, когда по инерции они принимали как непререкаемый приказ любое, самое нелепое и губительное решение, исходящее «сверху».

Впрочем, я несколько опережаю события. Совсем недавно я сделала открытие, ошеломившее меня: важнейшая реформа народного образования осуществлялась во время войны. Произошла никем не замеченная реставрация дореволюционной системы образования: появились раздельные мужские и женские школы. Открытие это тем более странно, что я сама в блокадные дни Ленинграда училась в женской школе. Но как-то до сей поры не вдумывалась в суть тех перемен. Отчего разделили, отчего в 1954 году, после смерти Сталина, вернулись к совместному обучению? Теперь вижу: и по форме, и по набору, содержанию учебной программы воспроизводились худшие гимназические установки.

Попытка вернуться к принципам и основам послереволюционной школы была предпринята на XXI съезде. Программа снова провозглашала школу единой трудовой политехнической, самоуправляемой. Но... как и другие важнейшие социальные планы, принятые в те незабываемые годы возрождённых надежд и мечтаний, школьная программа не была осуществлена.

Не было бы нужды совершать этот экскурс, если бы не была так коротка память и у нас, свидетелей, очевидцев, и если бы не способствовали этому «беспамятству» специальные книги, учебники, по которым учится новое поколение будущих педагогов. Прочитайте учебник «История педагогики» выпуска 1981 года и вы обнаружите сплошные «белые пятна». Не было разделения школ, не было их последующего соединения. Нет анализа причин и последствий превращения единой трудовой — в элитарную школу. Не найдёте вы признания, что постановление 36-го года нанесло непоправимый урон науке о воспитании. Это постановление до сих пор оценивается в ряду других, которые, конечно же, способствовали «дальнейшему развитию и совершенствованию советской системы просвещения».

«Огонёк» № 7, 1988 г.　　　　　Тамара АФАНАСЬЕВА
Задание: ответьте на вопросы:

1. Какой была школа в 20-е годы?
2. Какую роль играли рабфаки в 30-е годы?
3. Во что превратился тогда человек?
4. Чем была опасна вера в приказы «сверху»?
5. Как автор вспоминает о конце 50-х — начале 60-х годов?

Notes: растратный — based on imprudent, wasteful use of resources; рабфак, рабочий факультет — educational establishment to train workers and peasants for entry into higher education; ФЗУ, фабрично-заводское ученичество — school for training skilled workers; светоносный — inspiring; XXI съезд КПСС — 21st Congress of the CPSU (1959); «белые пятна» — gaps, blank pages in the historical record.

Text 2:　ВСЕОБЩЕЕ! ОБЯЗАТЕЛЬНОЕ! СРЕДНЕЕ?

Какова задача средней школы? Дать среднее образование. Всеобщее и обязательное. Так вот: всеобщее и обязательное она даёт. Не даёт только среднего. Не так уж давно в газетах сообщалось о результатах проверки школ Ашхабадской области таким строгим и беспристрастным органом, как Комитет народного контроля. Абсолютное большинство старшеклассников получило неудовлетворительные оценки, по-старому говоря — двойки. А ведь проверка-то старшеклассников шла по программам начальной школы. Ладно, поверим, что проверявшаяся область явила удивительное исключение. Но вот в «Учительскую газету» и ко мне обильно идут письма учителей разных предметов и из разных мест, которые называют приблизительно одну цифру успеваемости — 50. Иногда даже ниже.

Наша система образования многие годы была нашей законной гордостью. В своё время именно в нашей системе образования американцы справедливо усмотрели главную стартовую площадку первого нашего спутника. И казалось, что введение обязательного среднего образования в условиях, когда многие планы казались столь реально осуществляющимися, а цели так легко достижимыми (буквально «ещё немного, ещё чуть-чуть»), закономерно. Но было ли здесь всё взвешено и учтено? А, может быть, это было следствием просчётов, неистового желания обогнать самих себя, произвольным, волевым (потом стали говорить волюнтаристским) актом?

В то же время, по данным академика А. Аганбегяна, если раньше мы выделяли на образование десять (американцы – четыре) процентов от национального дохода, то постепенно снизили эту цифру до шести-семи (американцы соответственно повысили до двенадцати). Общая сумма понизилась не только в относительном, но, кажется, и в абсолютном исчислении. Иначе говоря, мы очень расширили образование, одновременно очень уменьшив материальное его обеспечение. Здесь корень всего, так сказать, базис проблемы.

Похоже на то, что образование (в сущности ведь отрасль производства), может быть, точнее всего зафиксировало те установки, которые характеризовали экономическое производство в его целом. Основные беды, поразившие нашу экономику, почти точно отразились на положении в народном образовании: экстенсивное, а не интенсивное развитие, распыление средств, отсутствие необходимых и направленных капиталовложений, отсутствие состязательности, уравниловка, вал, количественные, а не качественные показатели, забвение конечного результата. Школа, не став по-настоящему готовить для производства, перестала по-настоящему готовить для вуза.

«Литературная газета» 3.2.88. Николай СКАТОВ

Задание: ответьте на вопросы:

1. *Как автор доказывает, что советская школа не даёт среднего образования?*
2. *Как изменилось материальное обеспечение образования в СССР и в США за последние тридцать лет?*
3. *Какие негативные явления советской экономики отразились и на системе образования?*

Notes: Комитет народного контроля — ministry which monitors the implementation of planning measures, party and government decisions; А. Г. Аганбегян (b. 1932) — famous economist, theorist of Gorbachev's economic reforms; распыление средств — spreading resources too thinly; уравниловка — reducing to the lowest common denominator; вал — preoccupation with gross output.

Text 3: ШКОЛЬНЫЕ ГОДЫ — ЧУДЕСНЫЕ?

Вдруг, ни с того ни с сего и не где-нибудь, а всюду, разом заговорили о кризисе школьного образования. Одни признали его очень средним, другие — даже ниже среднего, а отдельные граждане скатились до утверждения, что школа нынче готовит не эрудитов, а невежд.

Мы обратились за ответом к учащимся, окончившим Гомельское СПТУ-79. К людям, уже не зависящим от школы, но ещё не забывшим её уроков.

Правда, перед этим мы попросили высказать своё мнение тех, кто ещё сидит за школьной партой — десятиклассников СШ № 40.

Те прежде всего потребовали сохранить их фамилии в тайне («нам ещё экзамены сдавать»), после чего сошлись на таком варианте — их устроила бы школа, в которой:

а) не задают уроков на дом,

б) не заставляют ходить на собрания,

в) часто проводят дискотеки.

Несколько ошеломлённые таким кардинальным проектом, мы, признаться, поначалу заподозрили школьников в трусости. Однако один из «реформаторов» нас разубедил:

— Вот я — большинство, — с законной гордостью сказал он. — То есть троечник. Я вам скажу: любые изменения в школе мне не на пользу. Сейчас учу я или не учу — тройка гарантирована. Требуют от меня только одно — на уроках не сильно мешать. Делать ничего не надо. Зачем же мне приключения искать — углублённое изучение, специализация... Да я из любой нормальной школы вылечу на второй день. А здесь, в нынешней, мне рады...

И представитель большинства победно удалился, а мы перешли через дорогу, где нас ждали учащиеся СПТУ-79.

Сергей Чубенок: Конечно, что-то менять в школе нужно, но, на мой взгляд, какие бы системы обучения ни были, всё зависит от учителя. У меня в школе физик был замечательный, и только благодаря ему я предпочитал физику всем остальным предметам.

Оксана Доморад: Плохих учителей так же мало, как и хороших. В основном есть средние педагоги, и от них никогда школа не избавится. Нужно, значит, искать решение в другом. Нужно менять систему обучения.

Способных учеников вполне устроит и средний учитель. Способных и желающих получить образование. Выходит, что средний учитель не годится для тех, кто не семи пядей во лбу и ленив. А зачем таких учить, всё равно это фикция — им завышают оценки, тянут до аттестата, но знать-то они ничего не знают. Надо ли всех насильно тащить?

Галина Фёдорова: Но возможность получить среднее образование должны иметь все. Другое дело, что надо изменить систему оценок. Пятибалльная система устарела — пользуются-то всего тремя отметками. Пусть бы была шестибалльная. Или двойку нужно «легализовать». Почему в аттестате их не ставят? Если у тебя двойка по химии, то на химфаке, конечно, делать нечего, но филолог, возможно, из тебя получится неплохой.

Андрей Веремеев: А стоит ли вообще учить то, что потом не пригодится? Нужно, чтобы уже в раннем детстве выясняли склонности, а потом определяли в специализированные школы. Причём, чтобы в них были и теория, и практика. Скажем, у тебя обнаружили способности к физике. Но способности тоже ведь разные. Одни могут стать учёными, другие — инженерами, третьи, скажем, — радиотехниками, четвёртые — рабочими на радиозаводе. Физика им всем нужна, но в разном объёме. Вот в зависимости от способностей и определяется время на теорию и практику.

Владимир Романенко: Только не с детского сада определять в физики или химики, а с класса пятого. И нужно в специализированных школах вводить факультативы по всем предметам, кроме нескольких основных. Пусть каждый выбирает, чем он хочет заниматься, но ни оценок, ни экзаменов по этим необязательным предметам не сдаёт.

Михаил Калюжный: И в УПК ведь, как правило, учат так же фиктивно, как в школе. Прежде всего, потому, что ученик не собирается работать по той специальности, которую якобы получает.

Валерий Таранов: И непонятно, зачем тогда СПТУ, если в УПК можно получить профессию. Но все знают: в училище действительно готовят специалистов, а в УПК только время теряешь. Хотя в СПТУ другая проблема — зачем там общеобразовательные предметы, ясно, кто хотел учиться — остался в школе.

Оксана Доморад: Нынешней школе не хватает объективности, часто оцениваются не знания, а послушание, дисциплинированность, имитация общественной активности. Система оценок плодит приспособленцев и карьеристов.

Ещё, мне кажется, «диктатура учителя» запрограммирована тем, что он всегда выражает мнение, изложенное в учебнике. А там оно только одно — выходит, учитель всегда глаголет истину.

А если мне интересно узнать другие мнения — увы, в учебнике этого нет. Нет там и спорных новейших гипотез, всё как 10 — 20 лет назад. Даже на уроках истории и литературы школьников отучают думать, отучают иметь своё мнение.

Получается, что, выходя из школы, мы всему, кроме разве грамоты и арифметики, должны учиться по новой. Зачем же такая школа?

«Парус» № 4, 1988 г.

Задание а): ответьте на вопросы:

1. Какая школа устроила бы десятиклассников школы номер 40?
2. Что учащиеся говорят об учителях?
3. Как они предлагают изменить систему оценок?
4. Какие аргументы они приводят в пользу специализации?
5. О каких недостатках учебников говорит Оксана Доморад?

Задание б): напишите резюме текста.

Notes: СПТУ, среднее профессионально-техническое училище — vocational secondary school; СШ, средняя школа — secondary school; троечник — a pupil whose work is assessed at mark 3 (satisfactory) on the marking scale of five — пятибалльная система оценок, five being the top mark; кто не семи пядей во лбу — who is not very bright, reference to a high forehead believed to be the attribute of a clever person; факультатив — option, optional subject; УПК, учебно-производственный комбинат — skills training centre shared by several secondary schools, under patronage of local employers.

Text 4: «О ХОДЕ ПЕРЕСТРОЙКИ СРЕДНЕЙ И ВЫСШЕЙ ШКОЛЫ»

Постановление Пленума ЦК КПСС от 18 февраля 1988 года.

Цель осуществляемых преобразований состоит в том, чтобы обеспечить новое качество обучения и воспитания молодёжи, подготовки и повышения квалификации кадров, создать тем самым необходимые условия для ускорения социально-экономического и духовного прогресса советского общества.

Центральный Комитет КПСС выдвигает перед партийными, государственными органами, общественными организациями задачу обеспечить перелом в перестройке народного образования. Как один из решающих факторов экономического и социального прогресса, могучее средство сохранения, развития и передачи от поколения к поколению накопленных человечеством духовных богатств образование должно быть приоритетным в государственной политике.

...В профессиональной и средней школе развивать подготовку рабочих и специалистов преимущественно на базе среднего образования, сохранив возможность для молодёжи получать профессиональное образование после окончания неполной средней школы. В общеобразовательной школе обучение рабочим профессиям осуществлять по желанию учащихся и родителей по мере создания необходимых условий.

Единство целей и задач образования должно органически сочетаться с разнообразием школ, гибкостью учебных планов и программ, опираться на передовую педагогическую практику, новаторские методы обучения и воспитания.

Следует уделять первостепенное внимание развитию индивидуальных способностей учащихся, расширять дифференцированное обучение в соответствии с их запросами и склонностями. Развивать сеть специализированных школ и классов с углублённым изучением различных предметов.

Вся практика преподавания обществоведческих дисциплин должна вырабатывать способность к самостоятельным суждениям, помогать учащимся осознанно усваивать научные выводы, отражающие диалектику жизни.

Школа призвана всей своей деятельностью культивировать трудовой образ жизни, повышать престиж и воспитательную роль главного труда учащихся и студентов - учёбы. Надо утверждать в каждом учебном заведении атмосферу упорного учебного труда, заинтересованного, творческого, ответственного отношения к овладению знаниями. ЦК КПСС считает недопустимым отвлечение в учебное время студентов и учащихся на различные работы и мероприятия, не связанные с учебным процессом.

Необходимо на практике учить молодёжь жить и действовать в условиях углубляющейся демократии. В этих целях создавать в учебных заведениях все условия для открытости и гласности, взаимоуважения и сотрудничества учителей и учащихся, профессоров и студентов; прививать учащимся и студентам самостоятельность, открывать широкий простор их полезной инициативе и творчеству.

Требуется существенно усилить патриотическое и интернациональное воспитание юношества. Вся атмосфера в учебных заведениях должна быть проникнута духом интернационализма, дружбы и братства советских народов.

Следует активно развивать национально-русское двуязычие, коренным образом улучшить изучение и преподавание языков народов СССР, русского языка, добровольно принятого советскими людьми в качестве средства межнационального общения, расширять в школах практику совместного обучения на русском и родном языках. Поощрять изучение местного национального языка молодёжью других национальностей. В вопросе о языке обучения недопустимы никакие привилегии или ограничения, администрирование.

«Известия» 19.2.88.

Задание: *напишите резюме текста.*

Text 5: К ЗНАНИЮ!

Из беседы с председателем Госкомитета СССР по народному образованию Г. А. Ягодиным.

— Геннадий Алексеевич, одной из трудностей организации образования оказалась ведомственная разобщённость. Школа и дошкольное воспитание — в руках одного органа управления, профессионально-техническая подготовка — другого, вузы и техникумы — третьего. Чем будет отличаться работа комитета от работы прежних министерств?

— Комитет будет определять единую политику в области образования, разрабатывать стратегию его развития. Заниматься ежедневной практикой, как это делали министерства, мы не сможем. Да и есть ли необходимость брать под непосредственную опеку 130 тысяч школ?

— Какие же изменения предполагаются там?

— Среднее образование может быть разным. Тот, кто собирается стать математиком, физиком, инженером, должен получить возможность углублённо изучать физико-математический цикл. Другой предпочтёт сделать упор на историю и географию. Словом, объём изучения тех или иных предметов может быть неодинаков. Важно, чтобы человек мог свободно развивать способности. То есть школа должна давать более широкие возможности выбора. Ведь ориентируясь на полное единообразие подготовки, она вынуждена снижать уровень образования, приспосабливаться к слабым ученикам, чтобы дотянуть их как-нибудь до минимальной готовности к вузу.

Разрабатывая концепцию базового образования, мы хотим более точно учитывать интересы и возможности подростков. Должны быть обязательный минимум и дополнительные предметы по выбору, многообразие факультативов. Среди других, предлагают, например, такой вариант. Человек, заканчивая школу, может сдать экзамен по всем одиннадцати предметам, а может — любые пять. В том и другом случае он получит аттестат — свидетельство об окончании общеобразовательной школы. Ну, а в вуз поступит тот, кто освоил программу на уровне конкурсных экзаменов.

— О новых правилах приёма в вузы уже сообщалось в печати. Не могли бы вы прокомментировать их?

— Главная идея: ликвидация внеконкурсного набора в высшую школу. Он не обеспечивал вузы достойным пополнением и являлся, по моему глубокому убеждению, акцией, развращающей молодёжь. Отныне на приёмных экзаменах будет конкурс знаний, умов. Привилегии оставлены для небольших категорий, да и те, надеюсь, временно. Например, целевой приём сельских ребят в педагогические вузы. У нас много слабых школ в глубинке. Мы обязаны дать их выпускникам шанс, соблюсти социальную справедливость. Вот для этого — подготовительные отделения. Они создадут условия для того, чтобы подтянуться к необходимому уровню знаний.

— Обратимся к теме приёма с другого конца: как вузу освобождаться от брака, который неминуемо проникает на первый курс? Это всегда было связано с боязнью отсева и его следствием — сокращением числа преподавателей.

— В прошлом году провели исследование — повторные экзамены среди зачисленных в вузы по конкурсу. Их не сдали в Москве 17 процентов, в Ленинграде — 19, а в Средней Азии — 85. Согласитесь, избавиться от четырёх пятых набора весьма затруднительно... И всё же мы будем решительно исключать балласт, причём сразу, на младших курсах. Условный перевод с «хвостами» ликвидирован. От числа студентов число преподавателей теперь не зависит, по крайней мере до тех пор, пока соотношение преподаватель — студент не больше чем 1:8. Нет нужды хитрить, ставить тройку вместо двойки, тянуть за уши до диплома нерадивых, неспособных. Можно быть требовательным к студенту. Надеемся, что благодаря этому атмосфера в вузе станет деловой, строгой, честной, и в ближайшие годы поднимется уровень выпускников.

— Когда был запущен первый советский спутник, весь мир писал о преимуществах нашей системы образования. Не утратили ли мы своих позиций в подготовке специалистов высокого класса?

— Что касается, так сказать, элитных специалистов, то их уровень ничуть не ниже мирового. Не оскудела наша земля талантами! Отстаём мы по качеству массового, среднего специалиста, и эта проблема действительно животрепещущая.

— Существует мнение, что у нас перепроизводство тех же инженеров и целесообразнее выпускать больше высококвалифицированных рабочих.

— Если станем готовить хороших инженеров, хороших экономистов, то меньше потребуется и рабочих. Сегодняшняя нехватка рабочих рук — это и результат плохих инженерных, экономических решений. Затраты на производство продукции у нас выше, чем во всём цивилизованном мире. Чтобы успешно заработал хозяйственный механизм, нужны культурные, предприимчивые, грамотные работники руководящего звена. Проблемы обучения превращаются таким образом в первостепенные. Мы сознаём, какая огромная ответственность ложится на Госкомитет по народному образованию. С этим сознанием и приступаем к работе.

«Известия» 24.4.88.   Э. МАКСИМОВА, И. ПРЕЛОВСКАЯ

Задание а): ответьте на вопросы:

1. *Как изменилось управление народным образованием с созданием Госкомитета СССР по народному образованию?*
2. *Чем он будет заниматься?*
3. *Какие изменения в возможностях выбора предполагаются в школе?*
4. *Что говорит Г. А. Ягодин о привилегиях при поступлении в вуз?*
5. *Что теперь будут делать в вузах с нерадивыми?*
6. *Что Г. А. Ягодин говорит об уровне подготовки специалистов в СССР?*

Задание б): обсудите тему: «Пути повышения уровня образования».

Notes: Государственный комитет СССР по народному образованию — Ministry of Education, set up in March 1988 to replace the ministry in charge of general secondary education — Министерство просвещения, the ministry for higher and secondary specialised education — Министерство высшего и среднего специального образования, and the committee in charge of vocational schools — Государственный комитет по профессионально-техническому образованию; факультатив — option, optional subject; внеконкурсный набор — non-competitive intake, reference to groups of applicants who do not have to compete with the rest to gain a place at university or institute; брак — rejects, bad students; отсев — students who drop out; «хвост» — examination which a student has failed and must pass before proceeding to the next course unit; нерадивый — a dunce.

Chapter Six

CULTURAL RENEWAL

Text 1: ФОНД КУЛЬТУРЫ – КАК МЫ ЖИЛИ БЕЗ НЕГО?

(i) Огромное дело взял на свои плечи Фонд культуры...

СФК определил четыре главные программы. Первая – «Память» – объединяет заботы краеведения, наследия традиций, реставрации. Вторая – «Возвращение» – касается проблем возвращения национального наследия на Родину. В рамках третьей – «Молодёжь и культура» – намечено провести серьёзные социологические исследования, определить пути возрождения среди юных истинного исторического, интернационального самосознания. Четвёртая программа – «Пушкин в сердцах поколений» – уже самим названием говорит о себе.

Создан клуб коллекционеров. Самые интересные произведения из частных коллекций будут экспонироваться на выставках, организуемых клубом.

И множится поток добровольных взносов от тех, кому дороги судьбы культуры, кто хотел бы видеть воплощёнными свою личную мечту, замысел, – СФК ввёл правило целевого использования вкладов.

«Литературная газета» 5.8.87.

(ii) Беседа с председателем СФК Г. Мясниковым

– Если я не ошибаюсь, со времени, когда было объявлено, что фонд принимает средства, прошло около года. Какая сумма накоплена на счёте?

– Сначала о том, из чего она складывается. Как известно, Фонд культуры основали 48 учредителей: творческие союзы, академии, музеи, институты и другие организации. На сегодняшний день от учредителей на наш счёт поступило 11 миллионов 400 тысяч рублей. Нас серьёзно в финансовом отношении поддержали Союз писателей, выделив 5 миллионов рублей, Союз художников – один миллион 700 тысяч, ВЦСПС – три миллиона, Союз кинематографистов – один миллион, Союз композиторов – 200 тысяч, ЦК ВЛКСМ – 500 тысяч... Это один источник наших средств. Второй – личные вклады людей. Это особо дорогие для нас взносы. Поступают и крупные суммы, и просто кто-то в конверте присылает несколько рублей, объясняя, что не знает, как принимают деньги, но дело наше считает святым. Всего на 20 июля от населения поступило 508 тысяч 531 рубль.

— Какая часть денег уже израсходована? На что? Как вы планируете распоряжаться средствами в дальнейшем?

— Пока деньги дарителей мы не трогали. Ни одной копейки из этих средств не будет потрачено на содержание аппарата. Мы стремимся привлечь к работе энтузиастов. Следующий наш шаг — создание общественных советов. Из людей, разделяющих наш призыв: «Хранить, осваивать, приумножать». Самым заклятым своим врагом мы считаем формализм. У фонда не будет так называемого «членства», не будет никаких членских взносов. Не из этих «формальных» денег складывается наш бюджет. Деньги мы намерены зарабатывать.

— Каким образом?

— Создавать мастерские, предприятия, проводить выставки, аукционы... Кое-что уже удалось сделать. Вот уже месяц открыт выставочный зал на улице Карла Маркса в Москве. Ежедневно здесь бывают около 400 человек, ежедневно он даёт нам до пятисот рублей. Провели и первый аукцион. Их цель — не столько получение средств, сколько помощь молодым художникам. В нашем уставе записано: одна из первых задач фонда — поддерживать молодёжь, талантливых людей. Недавно за помощью к нам обратился клуб самодеятельной песни. Обязательно поддержим и Центр эстетического воспитания, который создаётся сейчас в Куйбышевском районе столицы. С нашей помощью уже появился клуб коллекционеров. Он уже активно живёт, проводит выставки. На очереди — создание клуба фотомастеров.

И всё, что я вам перечислил, сделано и задумано общественными советами.

«Известия» 25.7.1987.

Задание: ответьте на вопросы:

1. *Какие программы определил Советский Фонд культуры?*
2. *Какие организации поддержали СФК в финансовом отношении?*
3. *Какой ещё источник средств есть у фонда?*

4. Как фонд намерен получать средства в будущем?

5. На что он их будет тратить?

Notes: СФК — Советский Фонд культуры — Soviet Cultural Fund; целевое использование вкладов — use of contributions only for the purpose stated by the contributor; ВЦСПС — Всесоюзный Центральный Совет Профессиональных Союзов — Trade Union Council; ВЛКСМ — Всесоюзный Ленинский Коммунистический Союз Молодёжи — the Komsomol.

Text 2: НАСЛЕДИЕ, КОТОРОЕ МЫ ОБРЕТАЕМ...

На днях вышел в свет первый номер журнала «Наше наследие». Как появилось это издание? Каковы его цели? Об этом рассказывает главный редактор журнала Владимир Петрович Енишерлов.

— Проблемы, существующие сейчас в нашей культуре, накопились не за одно десятилетие. Финансирование культурных программ было недостаточным. Налагались запреты на имена многих выдающихся писателей, учёных, художников, поэтов, музыкантов. Русская эмиграция, которая сейчас насчитывает три поколения, была полностью оторвана от жизни страны. Культурному наследию, современной культурной жизни и будет посвящён наш журнал.

Сейчас интерес к наследию очень велик. Насильно оторванные от своей памяти, мы стали беднее. Выросло поколение, которое не знает имён Владимира Соловьёва, Бердяева, Шестова, не подозревает о существовании русской философии.

Не случайно Дмитрий Сергеевич Лихачёв, открывая первый номер нашего журнала, цитирует стихи Пушкина о «животворящей» любви к «родному пепелищу», к «отеческим гробам». Беспамятство разрушительно, пишет он, память — созидательна.

Поэтому, чтобы заполнить эти пробелы в нашей культурной жизни, вернуться к нашему наследию, мы будем публиковать произведения несправедливо забытых русских философов и русских литераторов (в том числе и эмигрировавших). Особенно — произведения начала века. Потому что этот период нашей культуры у нас в стране знают пока очень мало...

В первом номере «Нашего наследия» — автобиография философа Павла Флоренского, неопубликованные произведения Марины Цветаевой, Андрея Белого, Николая Гумилёва. Мы предполагаем напечатать уже в следующем номере статьи Владимира Соловьёва и рассказы Владимира Набокова. Будем публиковать мемуары (например, скоро выйдут неизвестные дневники Дениса Давыдова), архивные материалы из истории страны. О состоянии современной культуры, о проблемах, стоящих перед ней, расскажут видные учёные, писатели, художники, музыканты...

«Наше наследие» — издание Советского Фонда культуры. Деятельность этой недавно созданной организации освещается недостаточно. А ведь в фонд поступают замечательные произведения искусства, не нашедшие места в музеях. Им проводятся благотворительные концерты. Постараемся держать читателей в курсе всего этого.

Меня спрашивают, будет ли журнал уделять внимание эмигрантам третьего поколения, которые отличались остро критическим отношением к социализму и отразили это в своих произведениях? Установит ли «Наше наследие» контакты с эмигрантскими изданиями?

Публикация документов и произведений искусства, хранящихся в зарубежных собраниях, — одна из наших задач, совпадающая с программой Советского Фонда культуры «Возвращение». В различных странах мира хранятся великолепные памятники отечественной культуры, и мы должны знать о них.

В отношении журналов и газет эмиграции могу сказать, что для начала их нужно просто знать. Можно принимать, можно не принимать, можно спорить. Но нужно знать, с кем споришь, кого не принимаешь. Ведь раньше, например, писали о Солженицыне: «Я его не читал, но знаю, что он литературный власовец»...

Надо, чтобы люди возвращались, и не только физически, а и своими произведениями, своими работами, своим духом. Если мы не будем знать таких писателей, как Солженицын, то время нам этого не простит.

«Неделя» № 36, 1988 г.

Задание: ответьте на вопросы:

1. *О каких проблемах советской культуры говорит автор?*

2. *В чём, по мнению автора, советские люди стали беднее?*

3. Какие «белые пятна» в культурной жизни будет заполнять журнал «Наше наследие»?
4. Какова связь журнала с Советским Фондом культуры?
5. Что говорит автор в отношении русской эмиграции?

Notes: В. Соловьёв (1853-1900) — theologian, philosopher, political writer and poet; Н. А. Бердяев (1874-1948) — philosopher, a Marxist in his youth, he turned to idealism and later Orthodox Christianity; Л. И. Шестов (1866-1938) — religious philosopher; Д. С. Лихачёв (b. 1906) — eminent literary historian and art critic, President of Soviet Cultural Fund; память — used in reference to cultural heritage, its preservation, беспамятство — its consignment to oblivion; П. А. Флоренский (1882-?) — Orthodox priest, philosopher, theologian, believed to have died in a labour camp in Siberia; М. Цветаева (1892-1941) — poetess, lived in emigration between 1922 and 1939, committed suicide; А. Белый (1880-1934) — Symbolist poet, novelist; Н. Гумилёв (1866-1921) — poet, executed for alleged participation in a monarchist plot to overthrow the Bolsheviks; В. Набоков (1899-1977) — Russian emigré writer; Д. Давыдов (1784-1839) — hero of the Napoleonic campaign of 1812, author of memoirs, poet; А. Солженицын (b. 1918) — writer, famous for depicting life in Soviet labour camps; власовец — follower of General А. А. Vlasov (1900-1946), leader of Russian anti-communist movement during the Second World War.

Text 3: ПОЛИТИЧЕСКИЙ ТЕАТР

Живой театр, если он действительно жив, а не имитирует свою связь с общественным развитием, такой театр в какие-то моменты жизни должен превращаться в театр политический. Разумеется, речь не идёт о спешной перелицовке на драматический лад публицистических статей в погоне за сиюминутной остротой, ибо театр не может и не должен подстраиваться к газетным и журнальным скоростям, да это ему и не под силу.

Театр - не «команда быстрого реагирования», его попадание в болевые точки общественных процессов есть результат глубокого осмысления фактов бытия своими специфическими средствами.

...Театр имени Евг. Вахтангова обратился к пьесе М. Шатрова «Брестский мир». Замечательный грузинский режиссёр Роберт Стуруа раскрывал драматургический замысел в нетрадиционной форме, где всё — актёрское мастерство, музыка, декорации опрокидывали привычные стереотипы, с помощью которых решались обычно историко-революционные темы. Стуруа прочитывал события шестидесятилетней давности как человек нашего времени. Он выстраивал две линии художественного повествования, перенося нас в прошлое и возвращая в сегодня, связывая таким образом мысль о преемственности идеалов.

Михаил Ульянов играет в этом спектакле Владимира Ильича Ленина без грима. Без грима и весь спектакль. Внешняя схожесть актёров со своими героями чисто фрагментарная. Однако зал верит сцене, и режиссёр добивается главного: импульсы электрических зарядов достигают сердец зрителей.

Меня не покидает чувство, оставшееся во мне и по сей день, что всё виденное на сцене происходило вовсе не в театре, не за грядой многих десятилетий, а было явью дня, и театр острым резцом вскрывал нерв и лечил давнюю боль.

Теперь всё чаще слышатся голоса тех, кто хотел бы увидеть в политическом театре первых лет перестройки известную дань времени, которая, дескать, сама по себе идёт на убыль. По разным причинам: отсутствие серьёзных драматургических работ, стремление театров избежать постановок «агиток», отказ от спекулятивной смелости...

Однако политический театр понятие более широкое и многоплановое. Политический театр, с моей точки зрения, может быть выстроен на любой высокохудожественной драматургической основе, с помощью которой решаются жгучие проблемы, стоящие в эпицентре общественной жизни. Он может блистать пьесами Чехова, Горького, Шекспира, Ибсена, и такими постановками доказывать адекватность времени.

Премьера пьесы Сухово-Кобылина «Дело» на сцене Театра имени Евг. Вахтангова является примером такого политического театра. Новый спектакль на свой лад продолжает линию, начатую «Брестским миром». Примечательно и совпадение в судьбе пьес Сухово-Кобылина и Шатрова. «Дело» было написано драматургом в 1861 году и пробивалось на сцену двадцать лет (премьера шла в Малом театре в 1882 году), ровно столько же времени «мыкалась» по министерским кабинетам и пьеса «Брестский мир».

Вахтанговское «Дело» решено так, как, повидимому его играли сто лет назад. Как же случилось, что судейская история столетней давности не стала скучной материей для современного зрителя? Главная заслуга здесь — за режиссёром Петром Фоменко. Он не осовременивает пьесу. Это ретроспектакль. Декорации, костюмы, логика движений — из прошлого. Но эта отдалённость связывает мысль зрителя и мысль режиссёра. Он переносит наше воображение в прошлый век, но именно таким способом добивается весьма современного звучания пьесы.

Невозможно не запомнить глаза «важного лица» в исполнении Вячеслава Шальневича. Два совиных блюдца на тупом лице, не видящие ничего, кроме столика с послабляющими водами. Презрительная сосредоточенность на желудочных коликах, а вокруг хоровод раздражающих посетителей, драма людей, погибающих от безысходности, от всесилия зла. Только уж очень холодный зритель не подумает в эти минуты о том, как мучительно долго и мучительно одинаково властвуют в России подобное зло и подобные «важные лица».

«Дело» вахтанговцев, с моей точки зрения, и есть тот политический театр, который так нужен в пору революционного обновления жизни, в особенности её духовной сферы.

«Советская культура» 17.12.88.   А. АДЖУБЕЙ

Задание: ответьте на вопросы:

1. *Как представляет себе политический театр Алексей Аджубей?*
2. *Каким образом передана связь исторических событий с современностью в пьесе «Брестский мир»?*
3. *Какую драматургическую основу может иметь политический театр?*
4. *Чем похожа судьба пьес «Брестский мир» и «Дело»?*
5. *Почему зрителю запоминается «важное лицо» из пьесы «Дело»?*

Notes: сиюминутный — short-lived, ephemeral; Театр имени Евг. Вахтангова — theatre in Moscow named after the actor and director E. B. Vakhtangov (1883-1922); М. Шатров (b. 1932) — playwright, author of a number of plays on the 1917 Revolution; «Брестский мир» is noted for its objective depiction of those historical figures who opposed Lenin, in particular L. Trotsky; М. Ульянов (b. 1927) — well-known actor of stage and screen, prominent campaigner for perestroika in the arts; явь дня — present-day reality; «агитка» — 'agitprop' play; многоплановый — on many levels; адекватность времени — contemporaneity; А. В. Сухово-Кобылин (1817-1903) — eminent playwright, exposed arbitrary ways of officialdom; "The Case" was written at the time of the Great Reforms of Tsar Alexander II; «мыкаться» — to wander experiencing a series of misadventures; ретро-спектакль — period play; два совиных блюдца — two large owl-like eyes; послабляющие воды — laxatives.

Text 4: ТЕАТРЫ-СТУДИИ

Студия — маленький профессиональный (по уровню мастерства в первую очередь) театр. Студия — новая эстетическая и этическая концепция, новый театральный принцип, новый взгляд на сцену и со сцены на человека.

...В третий раз проводится в Москве декада театров-студий, и в третий раз в ней участвует со своей труппой Олег Киселёв. За три года Киселёв смог создать свой, вполне профессиональный театр. Театр импровизации.

В спектакле «Глюки», показанном труппой Киселёва на декаде, виртуозная пластика сочетается с живым поэтическим словом.

Да и как обойтись без стихов в спектакле, где главный герой — поэт. В «Глюках» удивительным, причудливым образом переплетаются иллюзорный, выдуманный мир, в котором живёт душа творца, и мир жестокий, часто уродливый, до ужаса достоверный, в котором ему приходится существовать наяву. Можно упрекнуть Киселёва в том, что он нарушил «чистоту жанра». Но ведь у него не театр пантомимы, а театр импровизации, и подобная «эклектика» — явление даже не театральное. Полистилистика отражает реальную ситуацию в искусстве на сегодняшний день.

Эклектика может быть художественным приёмом, как это продемонстрировала труппа «Чёт-Нечет» под руководством Александра Пономарёва. На декаде театр-группа показывала спектакль «Николай Гоголь. Нос». Зрители, прочитавшие на афише имена Н. Гоголя, В. Набокова, И. Анненского, В. Хлебникова, Д. Хармса, Ф. Шиллера, отходили в недоумении, пытаясь вообразить, что из этого может получиться.

Спектакль «Николай Гоголь. Нос» — попытка существовать на уровне слова, на уровне прозы, гениальной прозы самого Гоголя. Сейчас, в конце двадцатого века, уже сложно представить себе классическое произведение и его автора в неком вакууме, без предыстории и послесловия, то есть всего, что существовало «до» создания произведения, а главное, того, что написано, связано, переосмыслено и произнесено «после». Вот откуда Набоков и Хармс, Анненский и Хлебников. Ассоциативные ряды выводят нас к фигурам, на первый взгляд далёким от Гоголя, его рассказа, его времени. А между тем мы сами иногда оказываемся в мире, близком абсурду, в мире, где всё смещено и перевёрнуто с ног на голову. Мир Гоголя настолько фантасмагоричен, что в нём могут происходить совершенно неожиданные вещи, так почему же сапожнику Шиллеру не стать вдруг писателем Шиллером, раз Нос может разгуливать без хозяина по Петербургу.

Зритель сразу же оказывается втянут в интеллектуальную игру. По ходу спектакля актёры меняются ролями. Не так ли происходит и в реальной жизни? Спектакль существует, как живой, подвижный организм, актёры буквально купаются в тексте, извлекая всё новые и новые оттенки смысла. Действие происходит на маленькой сцене. Граница между актёром и зрителем практически отсутствует, и вскоре спектакль начинает больше походить на сеанс массового гипноза. Причём главным гипнотическим средством является удивительный, волшебный русский язык. Актёры только его проводники.

В лице театра-группы Александра Пономарёва мы видим новое явление, новую стадию осмысления искусства сцены. Честно говоря, мы уже устали от «социалок». Здесь перед нами действо подлинной глубины, свежести, сложная интеллектуальная драма, с блеском разыгранная актёрами

...Студии должны быть разными. Но лишь тогда оправдано их существование, когда они совершают прорыв в будущее, а не являются слепком «большого» театра. Студии, если хотите, творческая оппозиция «большому» театру, плодоносный гумус для ростков нового. Движение происходит. Лучшие спектакли декады игрались на малой сцене, лицом к лицу со зрителем. То, чего не заметишь на большой сцене, здесь особенно очевидно. Малая сцена не прощает фальши. Особенно радует движение вглубь, от сценических формальных поисков, от приёма к сути. В лучших спектаклях есть поиск своей правоты, правды высокой, не сиюминутной.

«Комсомольская правда» 22.12.88.   А. АМЛИНСКИЙ

Задание: ответьте на вопросы:

1. *Какой мир показан в спектакле «Глюки»?*
2. *Почему в афишу спектакля «Николай Гоголь. Нос» включены имена других писателей и поэтов?*
3. *Что — главное в этом спектакле?*
4. *Чем студии отличаются от «большого» театра?*

Notes: В. Набоков (1899-1977) — Russian emigré writer; И. Ф. Анненский (1856-1909) — lyrical poet, literary critic; В. Хлебников (1885-1922) — poet, Futurist, noted especially for linguistic innovations; Д. Хармс (1905-1942) — Leningrad writer, victim of Stalin's repression; Ф. Шиллер, Friedrich Schiller (1759-1805) — German playwright; ассоциативный ряд — a series of associations; «социалка» — a play with a crude socialist-realist message; действо — dramatic performance.

Text 5: ЖИЗНЬ И СМЕРТЬ ВАРЛАМА АРАВИДЗЕ

(1) Московская премьера фильма Тенгиза Абуладзе «Покаяние»

...Умер Варлам Аравидзе — великий человек, городской голова. Кому-то «он больше, чем родственник», но эта женщина, Кетеван, смотрит на улыбающийся портрет в газете сквозь очки, и её мысль уносит нас в причудливый и страшный мир фильма, который дышит трагедией.

.. Пришёл патрон, прочитал прощальную речь, цветистую и постепенно скатывающуюся в бессмыслицу. Спели гимн, похоронили с почестями, но под утро труп явился... Его снова тайно похоронили, но на следующий день бедняга снова стоял во дворе, прислонившись к дереву. И тогда вызвали полицию и труп арестовали. Сарказм нарастал, фильм, его логика втягивают нас всё дальше в поле фантазии, бреда, скоро мы уже привыкаем к этой реальности, в которой происходит чёрт знает что.

На кладбище устроили настоящую засаду, сам господин префект присутствовал на операции. Преступник пойман: «Да это женщина!»

...А когда она появится, элегантная, в белом костюме, с высоко поднятой головой, в широкополой белой шляпе, и поведут её в суд стражники в рыцарских латах, на них уже никто внимания не обратит – тут уже всё может быть, тут магия некоего мира, неведомого и связанного с нашим сознанием какими-то невидимыми нитями столь крепко и нерасторжимо, что мы принимаем полностью реальность этого фильма, его пространство, его время, его стихию, где вымысел и правда, замешанная на человеческой крови.

«Факт подтверждаю, но виновной себя не признаю, – скажет она твёрдо. – Пока я живу, Варламу Аравидзе не лежать в земле... Не трижды, триста раз его выкопаю». Она говорит негромко, внятно, даже медленно, точно собирается с силами, потому что рассказ её будет длинным и нелёгким: «Всем вам, конечно, интересно, почему я преследую покойника... Мне было восемь лет, когда он стал городским головой».

...Лёгкая маршевая музыка вводит нас в эту историю, столь же подлинную, сколь и вымышленную, фантастическую историю.

Итак, Варлам Аравидзе стал городским головой, и народ, женщины в чепчиках и перчатках, приветствуют его летающее в небе изображение, почти божественное, и самого его на балконе, в чёрной, ремнём схваченной рубашке.

О спасении памятника искусства пришли просить Варлама уважаемые Мариам и Мосе и молодой художник Сандро Баратели. Он принимает их в саду, сидит на скамеечке, заглядывает в глаза, серьёзно выслушивает: конечно же, он всё понимает, он превратит город в рай, какие могут быть сомнения. В куполе зимнего сада посетители видят стражников в латах, а может это вообще инопланетяне? «Приём окончен», – говорит секретарь. Окончен, а что же ещё? Можно не сомневаться в результатах этой встречи, не только всё ясно, но даже ясно, что произойдёт в следующие минуты этого неумолимого фильма, ибо трагедия разворачивается.

«За что стариков арестовали?» – Сандро мечется по кабинету, но ему ещё кажется, что это поправимо, что сейчас разберутся. Нет, он ещё не ведает, что случится завтра, что вообще может случиться, когда бред стучится в дверь...

Последняя тихая ночь в доме. Сандро играет на рояле. Нино засыпает в кресле. Сон её похож на трагический кинематографический стих: в нём страх, и предчувствие, и стихия бреда. Всё высветлено, выбелено, они бегут по улицам, по полям и по лестницам, и сатанинская морда на машине и гонцы на лошадях и в латах — эти рыцари зла, — и прямо-таки эйзенштейновский кадр: Нино и Сандро зарыты в земле, только головы и ветер над ними... И всё же поймали, догнали, из-под земли достали... Ужасный сон, но явь не лучше. Звонок в дверь — «Это они!» — и вот уже в дверях эти стражники в латах и с копьями. Выносят картины, уводят Сандро, и бедная женщина остаётся одна в опустевшей комнате. Осиротел дом, осиротела земля...

Нино с девочкой Кети в очереди, где такие же несчастные, как она, хотят узнать адреса, узнать хоть что-нибудь о своих мужьях, отцах, братьях. «Сослан без права переписки», — отвечает голос из окошка. Только голос, без лица, без глаз, безымянный голос зла. Но на станцию брёвна привезли, говорят, там фамилии и адреса ссыльных. И они бегут...

...Брёвна были свалены грудой, брёвна были длинные, и две маленькие фигурки метались из конца в конец, разглядывая надписи на срезах. Осторожно звучала музыка, как печаль, которую извлекли из глубин чьей-то горькой памяти. «Я нашёл его, я нашёл его! Мама, мама...» — мимо пронёсся мальчик, а они всё никак не могли найти. И за каждым бревном — погибшая человеческая судьба. Сколько минут это длится? Много раз смотрела я фильм, но так и не могу сказать, долго ли длится этот эпизод, может быть, вечно, может быть, недолго, теперь останется на всю жизнь как знак беды людской, безоружности перед злом. Несправедливость — худшее горе, оно не заживает. Везут новые брёвна, девочка бежит за трактором, заглядывает... А кто-то нашёл своих... Как обнимает, ласкает огромное бревно эта женщина: дерево старое, в трещинах и расщелинах, и в слезах она гладит раны его.

Это, может быть, эмоциональный центр картины, её вершина, пик. Это реквием!

Когда Кетеван кончила свой рассказ в суде, мы сразу увидели Торнике, внука Варлама. Глаза его и бледность лица говорили о страдании.

«От своего имени и от имени всех несправедливо наказанных я требую, чтобы Варлама Аравидзе его же близкие собственными руками вырыли из могилы... Предать его земле — это значит простить его, закрыть глаза на всё, что он свершил...»

— Ты знал всё это? — спрашивает Торнике отца своего Авеля Аравидзе.

— Время было сложное... решался вопрос — быть или не быть, нас окружали враги... Я не говорю, что у нас не было ошибок. А что значит жизнь одного-двух человек, когда дело касается счастья миллионов? Для должностного лица общественные интересы всегда выше частных соображений...

— Ты оправдываешь дедушку, ты идёшь по его стопам. Ненавижу тебя, — сначала совсем тихо, но глядя прямо в глаза отцу, а потом криком: «Ненавижу!»

— Что вы наделали? — кричит Торнике. — Не сумасшедшая она, нет. Неужели вам не надоело без конца лгать? Вам бы только благополучие сохранить, ради этого вы глотку перегрызёте каждому: невиновного преступником объявите, нормального — сумасшедшим. Неужели ничего святого у вас нет? Совесть вас не мучает?... Это не дом, а могила.

Мать стучит в дверь его комнаты. «Торнике, Торнике! Открой!...» Выстрел был ей ответом.

Нет! Только не это, на такую плату мы не согласны! Терять детей, лишить их веры в жизнь... Каемся! Любой ценой восстановим порядок в их сознании, вернём представление о гармонии, общественной справедливости, ценности человеческой личности. Каемся. Страдаем от сознания общей вины перед нашей историей и детьми. Никогда не потерпим диктаторских замашек, не простим отступления от морали никому.

Как стемнело, какая тьма! Авель Аравидзе идёт один на кладбище, седой, изнурённый человек, он выкапывает покойника и выбрасывает с высокой горы... Крик воронов, как последний плач по сатане, разрывает тишину.

«Неделя» № 5, 1987 г.   Нинель ИСМАИЛОВА

(ii) Из беседы с Элемом Климовым

Общественное мнение по поводу фильма раздвоённое. Одни говорят, что такой фильм — ошибка, другие — победа демократии.

Фильм Абуладзе очень важен в нынешней обстановке как знак определённого позитивного поворота по отношению к нашей истории, к определённым её страницам, тем более что картина шире по теме. Она утверждает, что любые нарушения социальной справедливости, где бы они ни происходили, отвратительны.

Московский зритель проявил к фильму очень большой интерес, его посмотрело более двух миллионов человек. По стране он, к сожалению, прошёл хуже. Думаю, потому, что данные страницы истории впрямую не касаются жизненного опыта молодёжи, и ей неинтересно смотреть это трагическое полотно. Для кого-то переусложнённой оказалась форма изложения, кому-то показалось, что если уж рассказывать, то надо рассказывать в конкретных, реальных формах, так, как это происходило, а не в метафорическом стиле.

«Огонёк» № 2, 1988 г.

Задание: ответьте на вопросы:

1. *Что произошло с трупом Варлама после похорон?*
2. *Почему зритель не удивляется странности фильма?*
3. *Какой сон видит Нино в последнюю тихую ночь?*
4. *Почему Нино и Кети идут на станцию?*
5. *Что символизируют брёвна?*
6. *Как Торнике относится к тому, что свершили его дедушка и его отец?*
7. *Как оправдывается Авель?*
8. *Что приводит его к покаянию?*
9. *Какое обязательство берут на себя кающиеся?*
10. *Как оценивает фильм Климов?*

Notes: «Покаяние» — "Repentance", film by the Georgian director Tenghiz Abuladze, made in 1984, released in 1987, noted for its allegorical treatment of the Stalinist terror, it came to symbolise for many people the mood of perestroika in the cinema; префект — police chief; стражники в рыцарских латах — guards in knight's armour; правда, замешанная на человеческой крови — truth soaked in human blood; инопланетянин — an alien, from another planet; гонцы — pursuers; эйзенштейновский — made by Sergey Eisenstein (1898-1948), film director, pioneer of Soviet cinema; вы глотку перегрызёте каждому — you'll throttle anyone; Э. Климов (b. 1933) — film director, from 1986 first secretary of the Union of Cinematographers.

Text 6: ПРИМЕТЫ НОВОГО

...обезумевший бульдозер корчует сотни гектаров виноградников, в том числе уникальных отечественных сортов. За что? За вредное креплёное вино, «бормотуху», отравляющую народ.

Не перепутаны ли причины и следствия? Благословенный дар природы, целебные солнечные гроздья - они ли виноваты в социальной практике людей? Разве разумно и дальновидно бороться не с пьянством и его распространителями, а с многострадальной виноградной лозой в наши дни, когда вся страна ищет разумных форм хозяйствования?.. Телевидение высказалось об этом недвусмысленно.

Передача «Прожектор перестройки», вобравшая в себя рассказ о судьбе советской виноградной лозы, - новорождённое дитя августа. Передача привлекает смелостью прорыва в дела, разворачивающиеся сейчас, чтобы высвечивать их лучом-разведчиком.

Любимцем эфира всегда был художественный игровой фильм, многосерийный в первую очередь. Ныне его теснят информационно-музыкальные передачи, телемосты, вечера в студии Останкино, «круглые столы», диспуты на самые разные темы, общие и частные, но равно волнующие людей. Дискуссионному телеклубу августа задал тон «Экологический дневник» с ожесточённой полемикой «за» и «против» охоты как вида спорта и увлечения. А завершился месяц в лучшем смысле сенсационной встречей под рубрикой «Проблемы - поиски - решения», посвящённой перестройке советского здравоохранения, когда, как говорится, «на ковёр» вышли три министра, вице-президент Академии медицинских наук и другие высшие руководители в системе охраны здоровья народа, два часа подряд отвечая на любые вопросы и жалобы, поступающие по ходу передачи: от перспектив лечения рака, СПИДа и диабета до грубости участкового врача или путёвки в профсоюзный санаторий.

А что касается телефильмов, из них интереснее смотрелись тоже ленты публицистические, документальные и первооткрывательские по материалу: горький и поучительный анализ механизмов коррупции и нравственного падения в картине «Чем пахнут деньги?», широкая панорама жизни нашего великого соседа в светлой и доброжелательной «Встрече с Китаем».

...«Сердце бьётся тревожнее и веселее», когда с раннего утра, включив экран, слышишь динамичные, мажорные, летящие ритмы «90 минут». Эта программа — настоящая удача. Сейчас ещё светает рано, а как будут согревать в предутренней зимней тьме всех наших широт и мелодичная песенка, и улыбка девушки-диктора, и шутка, и краткая сводка синоптиков, и фрагмент брейк-данса, и последняя новость из дальних стран, объявленная комментатором. Темп, ещё раз темп, хорошее настроение...

Родствен утреннему дивертисменту «90 минут» облик программы «Добрый вечер, Москва!». Жаль, что эту боевую передачу столичных будней, транслируемую только по московскому каналу, не смотрят жители других городов — она тоже хороший пример вторжения телевидения в жизнь. ...Таможня в аэропорту «Шереметьево-2», где разыгрываются сценки поистине в духе Агаты Кристи — на картинке сверкают голубые бриллианты в колье, едва не вывезенном за границу. Образцовый комсомольско-молодёжный овощной магазин с интеллигентным, деловым директором и обшарпанный пустой фургон на Хорошенском шоссе в качестве новой торговой точки — контрасты обслуживания населения. Преступность: ей пришлось отдать специальную рубрику, ведя репортажи с брифингов для журналистов в городском управлении внутренних дел. Огромная беда — неустроенные, больные дети, второе поколение родителей-алкоголиков. И всё это — как ни больно, а порою нестерпимо, — на телеэкране. И, конечно, наряду с ним репортажи приятные, праздничные — День советского кино, художественные выставки, ярмарки в районах столицы.

Советская телеэстрада стала более зрелищной, визуально эффектной — это факт. Но ощущается, как ни странно, дефицит музыкального материала, нехватка новых имён, песен, номеров...

...Эстрадным событиям не хватало рекламы: так, в воскресенье 16-го скромнейше объявленный концерт по заявкам работников БАМа в действительности оказался большим эстрадным представлением с участием А. Пугачёвой, С. Ротару, В. Леонтьева, ансамбля «Машина времени» и других популярных исполнителей. К сожалению, о передаче мало кто знал.

«Правда» 19. 9. 87.   Нея ЗОРКАЯ

Задание: ответьте на вопросы:

1. *Что характеризует передачу «Прожектор перестройки»?*

2. *Какие передачи составляют конкуренцию художественному игровому кинофильму?*
3. *Почему Нея Зоркая считает сенсационной передачу о перестройке советского здравоохранения?*
4. *Чем автору нравится утренняя программа «90 минут»?*
5. *Чем привлекает передача «Добрый вечер, Москва»?*

Notes: «бормотуха» — fortified home-made wine; Останкино — reference to the television tower and studios of Soviet Central Television; телемост — television satellite link-up; СПИД — синдром приобретённого иммунодефицита — AIDS; «90 минут» was later extended and renamed «120 минут»; сводка синоптиков — weather check; обшарпанный фургон — old, battered van; телеэстрада — light music on TV; БАМ, Байкало-Амурская магистраль — Baikal-Amur Railway; Алла Пугачёва, София Ротару, Валерий Леонтьев - popular singers; «Машина времени» — Soviet rock-group.

Text 7: МАГНИТОФОННАЯ ГЛАСНОСТЬ

Гласности приходилось быть разной, в том числе и магнитофонной. Звуковой самиздат значительно превосходил по тиражу рукописный. Сколько человек могли прочитать рукопись? Не думаю, что больше нескольких сотен. Тиражи магнитофонных любительских записей тоже никто не подсчитывал, но думаю, что у Окуджавы в шестидесятых было не менее миллиона плёнок. Это, конечно, уступает сегодняшнему многомиллионному распространению Высоцкого, но и техника тогда была другая.

Многие почитатели Высоцкого даже и не подозревают, что у их кумира был прямой предшественник - Александр Галич. Популярность Галича, правда, была более суженной - его знали больше в кругах интеллигенции, но думаю, что не менее полумиллиона плёнок с его песнями бродило по домам. В отличие от Окуджавы и Высоцкого, у песен Галича никогда не было ни малейшего «официального» выхода к слушателям, хотя, как ни парадоксально, его судьба первоначально складывалась вполне комфортабельно.

Александр Аркадьевич Галич родился 19 октября 1918 года. Учился в школе-студии МХАТа. Во время войны работал во фронтовом театре. После войны он становится профессиональным драматургом и сценаристом.

По тогдашним стандартам Галич был богатым человеком, вхожим в так называемую московскую «элиту». Он был неотразимо красив, поигрывал бархатно воркующим голосом, одевался с некоторой артистической броскостью, но с неизменной тщательностью и вкусом.

И вдруг этим бархатным голосом Галич запел под гитару свои горькие, подчас ядовито саркастические песни. Произошло это, если я не ошибаюсь, после того, как его лучшая пьеса «Матросская тишина», репетировавшаяся, кажется, в «Современнике», была запрещена.

Стоило Галичу запеть, то есть стоило ему позволить себе быть самим собой, как из преуспевающего, вполне приемлемого бюрократией драмодела он превратился в нежелательную личность.

Галич был одним из тех людей, которые всем сердцем поверили, что с Двадцатого съезда партии начинается новая эра – эра совести, эра гласности. Когда «оттепель» была подморожена, такие люди уже не могли жить по-прежнему, в отличие от оппортунистов, ловко изгибавшихся «вместе с генеральной линией», как гласит одна грустная шутка. Совесть опять становилась ненужной, а вместе с ней – и её обладатели.

Одно из первых публичных выступлений Галича перед массовой аудиторией в Новосибирске с антисталинскими песнями привело к тому, что его исключили из Союза писателей. Все контракты Галича с издателями, с театрами, с киностудиями были разорваны, деньги начали неумолимо таять. Галич оказался в общественной изоляции. Его шельмовали на собраниях, ему угрожали, что если он не перестанет петь, его привлекут к уголовной ответственности.

Как человек хорошо его знавший, я могу ручаться, что Галич никогда не планировал своего отъезда на Запад, что его толкнуло на это только полное отчаяние. Практически он был изгнан. Галич умер в Париже от короткого замыкания в магнитофонной системе, когда он прослушивал свои записи.

«Неделя» № 18, 1988 г.   Евгений ЕВТУШЕНКО

Задание: ответьте на вопросы:

1. Что такое «звуковой самиздат»?

2. Чем отличался Галич от Окуджавы и Высоцкого?
3. Как Галич жил до того момента, когда запретили его пьесу?
4. Как он относился к «оттепели»?
5. Как Евтушенко объясняет причины эмиграции Галича?

Notes: Булат Окуджава (b. 1924) — writer, poet, ballad singer; Владимир Высоцкий (1938-1980) — actor, poet, ballad singer; both their songs contain sharp social comment on Soviet reality; А. Галич (1918-1977) — poet, ballad singer; МХАТ — Московский художественный академический театр — Moscow Arts Theatre; воркующий голос — slightly hoarse voice resembling the cooing of a dove; «Современник» — theatre in Moscow; драмодел — person who writes (cobbles together) mediocre plays; Двадцатый съезд партии — Twentieth Party Congress in 1956; began N. S. Khrushchev's de-Stalinisation and the period in Soviet culture known as the Thaw; «оттепель» была подморожена — the Thaw was arrested by frost, reference to the clamp-down on the artistic freedom of the Thaw following the removal of Khrushchev from power in 1964; шельмовать — to villify; Е. Евтушенко (b. 1933) — famous poet.

Text 8: ЦЫПЛЯТА БЕЛЫЕ, ЦЫПЛЯТА ЧЁРНЫЕ

Уже примерно тридцать лет в Москве, Ленинграде и других городах работают художники, представляющие так называемое «неофициальное» изобразительное искусство, о котором широкой массе зрителей практически ничего не было известно, — художники этого направления были лишены возможности установить непосредственный контакт и диалог со зрителем путём открытых выставок. Это было результатом проводимой Союзом художников художественной и выставочной практики, для которой доминирующими стали монопольная концепция искусства, монопольное право на художественную правду и нетерпимость ко всякого рода альтернативам.

Традиции, установленные в 30-е годы, по существу, явились продолжением академизма XIX века. Именно в нём, и только в нём, видели носителя вечного и прекрасного. Поэтому произведения, не укладывающиеся в прокрустово ложе «академизма», лишались доступа к зрителю, который в течение последних десятилетий периодически получал только негативную информацию — в стиле уголовной хроники или «охоты на ведьм» — о существовании некоего омерзительного явления, то ли модернизма, то ли авангардизма (это самые мягкие определения), в общем, чего-то неприличного, на что ни в коем случае нельзя смотреть, но что непременно следует осуждать.

Выступать сейчас в газетной статье с проблемной характеристикой, анализом или подробным описанием этого искусства и невозможно, и преждевременно: его надо сначала широко показать, представить на суд общества, а уж потом выступать с оценками.

...мы должны, осознавая своё прошлое, стремиться к созданию полнокровной художественной жизни с её динамикой, напряжением и борьбой. Поэтому работы этих художников должны появляться на выставках как искусство, ориентированное на дискуссию. Пусть не все их признают, не сразу, однако нельзя скрывать и замалчивать целое направление в искусстве, нельзя ориентироваться только на тех, кто считает всякого нетрадиционалиста пачкуном, мазилой, врагом искусства и народа.

Художественное многообразие, внутрикультурный диалог — в интересах культуры как целого. Нам ещё предстоит открытие: мир не перевернётся и небо не упадёт на землю, если нынешние «академики» и «авангардисты» будут на равных правах представлены в наших выставочных залах.

«Литературная газета» 19. 8. 87.　　Илья КАБАКОВ

Задание: ответьте на вопросы:

1. *Как относился Союз художников СССР к альтернативам в искусстве?*
2. *К чему это привело?*
3. *К чему призывает автор статьи?*
4. *Какими словами он выражает своё мнение, что не нужно бояться многообразия, плюрализма в культуре?*

Notes: И. Кабаков — well-known avant-garde artist, member of the Union of Artists of the USSR; прокрустово ложе — Procrustean bed; «охота на ведьм» — witch-hunt, persecution; пачкун, мазила — dauber, bad painter.

Text 9:　СПОРЫ НА ВЕРНИСАЖЕ

«Сколько людей, столько и мнений», «о вкусах не спорят» — эти и другие сентенции, судя по нашей почте, никак не могут удовлетворить читателей, присылающих отклики на наши художественные вкладки. Мы решили дать авторам писем возможность поспорить друг с другом.

(i) «...Что это за искусство пропагандирует наш журнал «Огонёк»? Мало того, что все выставки и музеи заполнены этим, ещё и здесь печатают, коль те музеи и выставки люди не посещают. Ну когда же будет перестройка художников на искусство для народа? «Это» они малюют для своего удовольствия. Нам такое не нужно. Пора прекращать это безобразие в стране! Неужели в ЦК КПСС не заглядывают в «Огонёк»? Иначе остановили бы тиражирование таких полотен, отравляющих души советских людей. Я коммунист с 1964 года. Требую прекратить выпуск этого в свет в любом виде! У нас есть что пропагандировать и чем воспитывать людей. Прошу принять меры без неприятностей мне за эти возмущения.» (Василий Шрам, учитель биологии, Омск.)

(ii) «Какая досада, когда человек не в состоянии вырваться из рамок раз и навсегда установленного стереотипа, что настоящую живопись творят только «настоящие классики»! И ведь таких людей, увы, много по той простой причине, что ничего иного они с детства до преклонного возраста не видели, да и не могли видеть, ибо на всём протяжении их жизни иная живопись выжигалась калёным железом.

Сколько талантливых художников погибло в неравной борьбе: одни спились, другие бросили живопись, третьи уехали за рубеж и там канули в вечность. И только теперь мы пытаемся по капле восстанавливать справедливость. Признали давно прославленного во всём мире Шагала, «открыли» ещё совсем недавно рядом с нами живших Зверева и Сидура, вспомнили об уехавшем Шемякине, приобретшем за рубежом широкую известность. Сколько ещё таких художников живёт среди нас, и мы о них не знаем ничего или почти ничего.

Замечательно как раз то, что «Огонёк» почти в каждом своём номере даёт материал о художниках, которых предстоит читателям открыть, знакомит с различными нетрадиционными жанрами и, таким образом, воспитывает способность к их восприятию.» (Г. Ерофеева, Москва.)

(iii) «Очень люблю живопись. Коллекционирую её. Люблю художников Шишкина, Айвазовского, Перова, Серова, Крамского и других. Очень нравится Шилов.

Надо больше пропагандировать такую живопись, которая даёт эстетическое удовольствие, воспитывает хороший вкус у людей. А что может дать людям живопись, которую видишь на ваших страницах? Вот, например, портрет, сделанный Лентуловым. Я бы оскорбилась, если бы меня так нарисовали, это же карикатура! Как можно таких людей считать художниками, да ещё выставлять в музеях?» (Г. А. Патрушева, г. Жданов.)

«Огонёк», № 22, 1988 г.

Задание а): ответьте на вопросы:

1. К чему призывает Василий Шрам?

2. Почему, по мнению Г. Ерофеевой, некоторые люди понимают лишь «настоящих классиков»?

3. За какое искусство выступает Г. А. Патрушева?

Задание б): выберите письмо, с которым вы не согласны, и напишите ответ на него.

Notes: художественные вкладки — pages of colour reproductions and accompanying text printed on high quality paper and inserted in the magazine; малевать — to daub, paint badly; выжигать калёным железом — to burn out with a red-hot iron, thoroughly eradicate; Марк Шагал (1887-1985) — Russian-born painter of world renown; work exhibited in Moscow only in 1987; Анатолий Зверев (1931-1986) — painter, Вадим Сидур (1924-1986) — sculptor, talented artists not recognised in their own country before; Михаил Шемякин — abstract painter, forced to emigrate to the West in 1971, where his work has been widely acclaimed; exhibited in Moscow in 1989; И. И. Шишкин (1832-1898), И. К. Айвазовский (1817-1900), В. Г. Перов (1834-1882), В. А. Серов (1865-1911), И. Н. Крамской (1837-1887) — representatives of Russian realist art; А. Шилов (b. 1943) — one of the most successful and widely known Soviet painters; А. В. Лентулов (1882-1943) — painter, early work mostly abstract, non-representational.

Conclusion

WHITHER PERESTROIKA?

Text 1: ПЕРЕСТРОЙКА КАК СОЦИАЛЬНАЯ РЕВОЛЮЦИЯ

Академик Татьяна Заславская отвечает на вопросы читателей.

«Цель реформ, которые осуществляются в процессе перестройки, вы называете социальной революцией. Почему?»

— Революцией перестройку можно назвать в силу радикальности поставленных ею целей и требуемых для их достижения средств. Ситуация, в которой она начиналась, в сущности, была предреволюционной — «низы» не хотели и отказывались качественно работать, а «верхи» уже не могли их заставить. Общество входило в кризисное состояние, страна отставала от мирового уровня в научно-техническом и социально-экономическом отношениях, сползала на обочину мирового прогресса. Естественно, что это вело к росту недовольства масс, выражаемому во всё более острых формах.

В результате сама жизнь поставила нас перед выбором: либо вернуться к откровенно репрессивным методам, достаточно ясно показавшим свою неэффективность, либо осуществить коренную реформу всех общественных отношений — иначе говоря, сделать именно то, что мы называем сейчас перестройкой.

Революция означает существенное изменение структуры политической власти.

Мы сейчас имеем дело именно с этим. Решения XIX партконференции означают перераспределение значительной части властных полномочий: от партийных органов — к государственным, от исполнительных органов — к представительным, от центральных — к республиканским и местным. Такое перераспределение позволит преодолеть чрезмерную концентрацию политической (а соответственно и экономической) власти.

«Какие меры по развитию перестройки вы считаете необходимыми?»

— Суть и задача превращения перестройки в социальную революцию состоит в обеспечении самого широкого участия народа. И конечный эффект перестройки определяется прежде всего позицией массовых общественных групп.

Положение усложняется тем, что создался некий замкнутый круг. Для того, чтобы повысить эффективность реформ и этим улучшить положение людей, необходимо активное участие в перестройке масс. А для того, чтобы они активизировались, массы должны на практике убедиться в улучшении своего положения. Где выход из такого круга? В демократизации общественных отношений, дальнейшем развитии гласности.

Мне представляется очевидным, что нужны полная открытость общественной жизни, обеспечение людей всеми видами информации, коллективное обсуждение острых вопросов с помощью прессы и телевидения, раскрытие всех представляющих интерес для народа управленческих «тайн».

Пока ещё гласность не стала полной, хотя и набирает силу, углубляется, захватывает новые области. В результате возникают и начинают действовать десятки тысяч неформальных организаций, движений, объединений, многие из которых уже приобретают политическую окраску. В прибалтийских республиках, РСФСР, Москве, Ленинграде и целом ряде других городов создаются Народные фронты содействия перестройке, разрабатываются развёрнутые программы, в которых есть и политические оттенки. Невиданную прежде частоту и массовость приобретают митинги, уличные шествия и демонстрации. Широкому обсуждению подвергаются проблемы, ранее загонявшиеся внутрь общественного организма, - национальные, экологические и социальные.

Многие общественные движения в поддержку перестройки настроены ещё радикальнее, чем правительство. Они критикуют деятельность властей «слева» - уравновешивая в известной мере консервативную критику «справа».

«Любая революция - трудный период в жизни государств. Не грозит ли наша новыми кровопролитиями?»

- История человечества знает и относительно мирные, бескровные революции. В пользу того, что революционная перестройка может быть и будет мирной, говорит ряд соображений.

Прежде всего вряд ли хотя одна общественная группа заинтересована в том, чтобы перестройка приняла опасные насильственные формы. Уже тот факт, что инициатива революционной перестройки исходит «сверху», исключает необходимость вооружённого захвата власти революционными массами.

Существующая сейчас концентрация власти, прав и привилегий в руках аппарата исполнительных органов власти носит антиконституционный характер. Значит задача революции заключается не в принципиальном изменении Основного закона государства, а лишь в приведении политической практики в соответствие с существующей Конституцией и развивающими её законами. Наконец, номенклатурный слой, который надо поставить на соответствующее его формальному статусу место, не пользуется социальной поддержкой народа.

Вместе с тем недооценивать возможность возникновения острых политических, социальных и национальных конфликтов, по-моему, опасно. Нарастание социального напряжения очевидно. Его очаги находятся не только в республиках Прибалтики и Закавказья, но и в ряде крупных городов России: Свердловске, Казани, Уфе, Иркутске.

Первые же шаги демократизации, выразившиеся в расширении гласности, прав и свобод человека, породили не только демократические, но и шовинистические, националистические, даже фашистские группы. Их организаторы призывают людей к насилию и практически его совершают, нанося огромный моральный ущерб перестройке. Развитие подобных явлений подобно выпущенному из бутылки опасному джину.

В их основе лежат, как мне кажется, низкий уровень политической культуры, отсутствие в стране длительных демократических традиций, недостаточная зрелость общественного сознания, его засорённость множеством предрассудков и догм, несформированность и некомпетентность общественного мнения, низкий уровень нравственности многих людей.

Духовная ржавчина проникла исключительно глубоко. В общественном сознании некоторых групп стёрлись границы между добром и злом, милосердием и жестокостью, гуманностью и отчуждением людей друг от друга. Чтобы преодолеть эти явления, потребуются не только большие усилия, но и время.

Пока же приходится исходить из той ситуации, какая есть. Она требует партийного и государственного контроля за деятельностью различных общественных движений, за сохранением ими конституционного характера. Я считаю, что сейчас необходима такая политика, которая обеспечила бы разумный компромисс между дальнейшим ростом политической активности масс, с одной стороны, сохранением общественного порядка, недопущением насильственных форм разрешения конфликтов – с другой.

Связанные с перестройкой задачи чрезвычайно сложны. Её путь проходит через массу препятствий, причём решение одних проблем часто порождает новые, более сложные. Ситуация не из лёгких, особенно если учесть высокую динамичность происходящих процессов. Но надо идти вперёд. На этом пути – наша судьба.

«Известия» 21.12.88.

Задание: ответьте на вопросы:

1. *В каком состоянии находилось советское общество, когда началась перестройка?*
2. *Как должна измениться структура политической власти?*
3. *Какие движения начинают действовать в стране?*
4. *Что говорит Т. Заславская о радикальных движениях в поддержку перестройки?*
5. *Какие соображения говорят о том, что перестройка будет мирной?*
6. *Что составляет опасность мирному ходу перестройки?*
7. *Что лежит в основе явлений, которые сравниваются с опасным джином, выпущенным из бутылки?*
8. *Какая политика необходима сейчас?*

Notes: Т. И. Заславская (b. 1927) — eminent economist and sociologist, believed to be one of the moving forces behind Gorbachev's reforms; XIX партконференция — XIX Conference of the Communist Party called in June 1988 to promote reform; неформальные организации — grass-roots movements and organisations; номенклатурный, from номенклатура — lists of the top posts in the administration and economy and of suitable candidates to fill them, the privileged élite of the Soviet Union; шовинистический — nationalistic; джин — genie, sprite or goblin of Arabian tales; засорённость — contamination.